AF743319

ब्रेकिंग द मेंटल जेल

मानसिक बंधनों से आज़ादी

ब्रेकिंग द मेंटल जेल

मानसिक बंधनों से आज़ादी

प्रशांत कुमार झा

मित्रमाइंड पब्लिशर्स

दिल्ली- 110094

Published by :
MITRMIND PUBLISHERS
C-194, 28 Feet Road, Gali No-3,
West Karawal Nagar, Delhi-110094
Mob.: +91-8826258746
Email.: mitrmindpublishers@gmail.com

ब्रेकिंग द मेंटल जेल – मानसिक बंधनों से आज़ादी

Reserved
First Published 2025

ISBN : 978-81-992451-6-7

Published by Mr. Prashant Kumar Jha M/s Mitrmind Publishers.

जो लोग अभी भी देख रहे हैं, अभी भी ढूँढ रहे हैं,

अभी भी इंतज़ार कर रहे हैं कि खामोशी फिर से सुरक्षित महसूस हो।

आप खोए हुए नहीं हैं।

आपको बस अभी वापस लौटना है।

प्रस्तावना

कुछ किताबें आपको ज्ञान देती हैं।
और फिर कुछ किताबें ऐसी होती हैं जो आपको खुद से मिलाती हैं।
यह किताब दूसरी तरह की होने की उम्मीद करती है।

मैंने यह किताब इसलिए नहीं लिखी क्योंकि मेरे पास जवाब थे।
मैंने इसे इसलिए लिखा क्योंकि मैंने सवालों को जिया था
बेचैनी, दिखावटी शोर, झूठी आज़ादी,
दिखते रहने का दबाव, हमेशा "और ज़्यादा" का पीछा करने की थकान।
मैंने इसे इसलिए लिखा क्योंकि मैं हर जगह मौजूद होने से थक गया था...
सिवाय अपने साथ होने के।

हमें बताया जाता है कि हम आज़ाद हैं।
पर वास्तविकता में, हममें से कई लोग घेरों के अंदर बंद हैं
मानसिक घेरे, भावनात्मक आदतें, दिखावटी ध्यान भटकाने वाली चीज़ें,
अदृश्य कारागार।
हम भागने के लिए देखते हैं, जीवित रहने के लिए प्रतिक्रिया करते हैं, संबंध बनाने के लिए प्रदर्शन करते हैं।
पर कहीं न कहीं,
हम सबसे कीमती चीज़ खोना शुरू कर देते हैं: अपनी उपस्थिति।

यह किताब उसी बेचैनी से पैदा हुई थी।
उन रातों से जब मैंने सवाल किया:
"मैं एक ऐसी दुनिया में इतना अलग-थलग क्यों महसूस करता हूँ जो हमेशा जुड़ी रहती है?"
उन सुबहों से जब मैंने अपनी साँस से पहले
अपने फ़ोन तक हाथ बढ़ाया।

मैंने शुरुआत में सिर्फ अपने लिए लिखना शुरू किया
यह समझने का एक तरीका कि मेरे भीतर क्या हो रहा था।
पर जैसे-जैसे पन्ने खुलते गए, मुझे एहसास हुआ:
मैं अकेला नहीं था।
मेरे आस-पास इतने सारे लोग वही चीज़ महसूस कर रहे थे,
पर कोई भी इसके बारे में अंदर से बात नहीं कर रहा था।

और इस तरह यह किताब आकार लेने लगी
एक भाषण के रूप में नहीं, बल्कि एक शांत संवाद के रूप में।
एक परिपूर्ण सिद्धांत के रूप में नहीं,
बल्कि एक वास्तविक, कच्ची, मानवीय पेशकश के रूप में।

इसे ऐसी आवाज़ में लिखा गया है जो दिखावा नहीं करती।
कभी काव्यात्मक, कभी वैज्ञानिक,
पर हमेशा व्यक्तिगत।
क्योंकि मेरा मानना है कि परिवर्तन
डेटा या रणनीतियों से शुरू नहीं होता
यह तब शुरू होता है जब आपके अंदर कुछ अंततः कहता है,
"हाँ। मैं भी यही महसूस कर रहा हूँ।"

इस किताब का हर अध्याय एक अलग घेरे को छूता है
समय की कमी के भ्रम से लेकर
दिखावटी मान्यता की भूख तक,
अति-उत्तेजना से भावनात्मक सुन्नता तक,
प्रदर्शन से उपस्थिति तक।

आपको इस किताब को जल्दी-जल्दी पढ़ने की ज़रूरत नहीं है।
वास्तव में, मैं आपसे अनुरोध करूँगा कि ऐसा न करें।

हर हिस्से को साँस लेने दें।
शब्दों को आपके साथ बैठने दें।
ठहरावों को पैराग्राफ से ज़्यादा ज़ोर से बोलने दें।

यह ऐसी किताब नहीं है जो आपको सफलता के दस कदम बताएगी।
यह आपको कुछ ज़्यादा कठिन, और ज़्यादा सच्चा देगी:
एक दर्पण। एक क्षण। वापस लौटने का एक रास्ता।

यदि, पढ़ते समय, आप खुद को आँखों में आँसू पाते हैं,
रुकते हुए, धीरे साँस लेते हुए, आँखें बंद करते हुए
तो जान लें कि किताब अपना काम कर रही है।
और आप भी।

आपको अपने घेरों से एक साथ भागने की ज़रूरत नहीं है।
आपको बस उन्हें देखने की ज़रूरत है।
उनके प्रति नरम होने की ज़रूरत है।
और धीरे-धीरे, वापस लौटने की
अपने शरीर पर, अपनी साँस पर, अपनी सच्चाई पर।
यह किसी नए व्यक्ति के बनने की कहानी नहीं है।
यह गहराई से आप बनने की कहानी है।

यात्रा में आपका स्वागत है।
आइए इसे उपस्थिति के साथ चलें।

अनुक्रमणिका

हम दिखती हुई जेलों में रहते हैं... और फिर वो हैं जिनमें हम बिना एहसास किए जीते हैं। यह अध्याय दूसरे प्रकार के बारे में है।

अध्याय 1: वह पिंजरा जो आपको दिखता नहीं

खामोश समर्पण

हम एक ऐसे समय में जी रहे हैं जहाँ लगभग हर चीज़ बस एक टैप दूर है - खाना, दोस्त, मनोरंजन, अपडेट, यहाँ तक कि प्यार भी। अजीब बात यह है कि पहले से कहीं ज़्यादा जुड़े होने के बावजूद, हमने इतना अकेला कभी महसूस नहीं किया।

एक छोटा सा उदाहरण लीजिए: रवि, नेहा और इमरान नाम के तीन दोस्त महीनों बाद एक कैफे में मिले। उन्होंने मिलने, हँसने और पुरानी यादें ताज़ा करने का प्लान बनाया था। लेकिन बैठने के पाँच मिनट के भीतर ही, तीनों ने अपने फोन निकाल लिए। रवि रील्स दिखा रहा था, नेहा स्टेटस मैसेज का जवाब दे रही थी, और इमरान अपनी फ़ीड में खोया हुआ था। उनमें से एक ने पूछा, "तो बताओ क्या नया है," लेकिन कोई असली बातचीत नहीं हुई। वे तीनों 30 मिनट बाद चले गए, एक साथ होकर भी अकेले

धुनिक जीवन अक्सर हमें धोखा देता है, हम एक ही जगह पर एक साथ हो सकते हैं, फिर भी हमारा दिमाग वर्तमान क्षण से बहुत दूर भटक जाता है। हम प्रकृति में बैठते हैं लेकिन अपनी स्क्रीन घूरते रहते हैं। हम सेल्फी में मुस्कुराते हैं, लेकिन उन मुस्कुराहटों के पीछे थकी हुई आँखें और अनकही चिंता होती है

और सबसे डरावनी बात? जिस जाल में हम फँस गए हैं, वह दिखाई भी नहीं देता। यह जेल जैसा नहीं दिखता, इसमें कोई सलाखें नहीं, कोई ताले नहीं, कोई गार्ड नहीं। लेकिन यह सच है। यह हमारी आदतों में, हमारे स्क्रॉलिंग पैटर्न में, "अपडेटेड" रहने की हमारी लगातार इच्छा में, और कुछ छूट जाने के डर में चुपचाप रहता है।

यह दर्दनाक नहीं है, इसलिए यह हानिरहित लगता है। वास्तव में, यह आरामदायक है। एक डिजिटल लोरी की तरह जो हमें बेचैन नींद में सुला देती है।

आप बंधे हुए नहीं हैं, फिर भी आप हिलते नहीं।
आपको रुकने का आदेश नहीं है, फिर भी आप अटके रहते हैं।
आप अकेले नहीं हैं, फिर भी आप खालीपन महसूस करते हैं।

यह अदृश्य मानसिक पिंजरा है, जिसे हम देख नहीं सकते, लेकिन हर दिन इसके अंदर जीते हैं।

एक शाम, एक माँ अपने तीन साल के बेटे के साथ पार्क में थी। वह अपनी कुर्ती खींच रहा था, उसे एक तितली दिखाने की कोशिश कर रहा था। "मम्मा, देखो!" उसने उत्साह से कहा। लेकिन वह अपने फोन में खोई हुई थी, एक ग्रुप मैसेज का जवाब दे रही थी। जब उसने आखिरकार ऊपर देखा, तो तितली उड़ चुकी थी, और उसके साथ उस छोटे से पल का जादू भी गायब हो गया था। उसे एहसास नहीं हुआ कि उसने क्या खोया, लेकिन बच्चे को हुआ।

एक और उदाहरण: एक 12 साल का बच्चा जो कभी शाम को गली में क्रिकेट खेलता था, अब अंदर बैठा है, एक स्क्रीन में बंद, बैटल गेम खेल रहा है। वह ऊपर नहीं देखता। वह ज़्यादा बात नहीं करता। उसकी कल्पना सिकुड़ रही है, उसकी भावनाएँ सुस्त पड़ रही हैं, और कोई ध्यान नहीं देता, क्योंकि यह सब "सामान्य" लगता है

यह अदृश्य मानसिक पिंजरा हमें व्यस्त रखता है लेकिन हमें कहीं नहीं ले जाता। यह हमारी ऊर्जा खत्म कर देता है, भले ही हमने कुछ न किया हो। यह हमें सामग्री से भर देता है लेकिन कोई वास्तविक संबंध नहीं देता।

क्या आपने कभी सिर्फ एक चीज़ जाँचने के लिए अपना फोन उठाया है, और खुद को 40 मिनट बाद भी स्क्रॉल करते हुए पाया है और सोच रहे हैं, "मैं क्या कर रहा था?" यह एक आदत नहीं है। यह सम्मोहन है।

नियंत्रण का भ्रम

हममें से ज़्यादातर को लगता है कि हम प्रभारी हैं, यह चुन रहे हैं कि क्या देखना है, कब जवाब देना है, और हम हर दिन कैसे जीते हैं।
लेकिन क्या हम वास्तव में नियंत्रण में हैं?

चलिए इसकी जाँच करते हैं।
उस आखिरी पल को याद करें जब आपने कुछ जल्दी करने के लिए अपना फोन उठाया था,
जैसे एक मैसेज देखना या जवाब भेजना।
लेकिन तीस मिनट बाद, आप रैंडम रील्स स्क्रॉल कर रहे थे,
प्रोडक्ट रिव्यू देख रहे थे,
और मीम्स पढ़ रहे थे।
यह फोकस नहीं था।
यह नियंत्रण नहीं था।
यह प्रोग्रामिंग थी।

और नहीं, हम मशीनों द्वारा नियंत्रित नहीं हो रहे हैं। हम आदतों, ट्रिगर्स और अदृश्य पुरस्कारों से प्रभावित हो रहे हैं। ये ऐप सिर्फ उपकरण नहीं हैं, वे ध्यान

से बनाए गए सिस्टम हैं जिन्हें हमारे व्यवहार को आकार देने के लिए डिज़ाइन किया गया है।
वे आपका अध्ययन करते हैं - आपके ठहराव, आपके क्लिक, आपकी लालसाएँ, और आपको वही और देते हैं जो आपको लूप के अंदर रखता है।

आपको लगता है कि आप चुन रहे हैं।
लेकिन अक्सर, आप सिर्फ प्रतिक्रिया दे रहे होते हैं।

यह नियंत्रण का भ्रम है। और यह खतरनाक है क्योंकि यह बहुत सामान्य लगता है।

लाखों लोग इस अदृश्य पैटर्न में फंसे हुए हैं। लेकिन वे मुस्कुरा रहे हैं, पोस्ट कर रहे हैं, साझा कर रहे हैं। बाहर से, यह खुशी जैसा लगता है। अंदर से, यह अक्सर खालीपन जैसा महसूस होता है।

आप जागते हैं, दाँत ब्रश करने से पहले ही अपना फोन उठा लेते हैं।
आप एक ऐप खोलते हैं,
और एक घंटा गायब हो जाता है।
आप काम पर जाते हैं,
मीटिंग्स में बैठते हैं,
और फिर भी खुद को उन नोटिफिकेशन्स की जाँच करते हुए पाते हैं जो आप पहले ही देख चुके हैं।
आप बिस्तर पर जाते हैं, और तब तक स्क्रॉल करते हैं जब तक आपकी आँखें जलने न लगें। और तब भी, नींद में भी, आपका दिमाग अस्त-व्यस्त महसूस होता है।

यह नाटकीय अर्थ में लत नहीं है। यह कुछ शांत है। अधिक सामाजिक रूप से स्वीकार्य है। लेकिन उतना ही हानिकारक है।

वास्तविक नियंत्रण ऐसा नहीं दिखता कि "मैं जब चाहूँ रुक सकता हूँ।"
यह ऐसा दिखता है कि शुरू करने की ज़रूरत ही नहीं है।

आपने शायद यह भी देखा होगा, एक महिला सुबह-सुबह मंदिर में, आँखें बंद, माला हाथ में... लेकिन उसके बगल में एक फोन की स्क्रीन चमकती है। या एक बूढ़ा आदमी गाँव के आँगन में बैठा है, खामोशी से घिरा है, लेकिन वह पूरे वॉल्यूम पर वीडियो चला रहा है।

अब शांति भी शोर के बिना अधूरी लगती है। आदत इतनी गहरी हो गई है।

लेकिन यहाँ कुछ उम्मीद की बात है:
अगर आप इसे देख रहे हैं, तो आपने पहले ही इससे बाहर निकलना शुरू कर दिया है। जागरूकता पिंजरे में पहली दरार है।

दिमाग का रिमोट वापस पाना

अध्ययन अब दिखाते हैं कि हमारी ध्यान अवधि इतनी कम हो गई है कि एक सुनहरी मछली भी हमें मात दे सकती है। लगभग 8 सेकंड। इतनी जल्दी हम विचलित हो जाते हैं।

लेकिन ऐसा इसलिए नहीं है कि हम कमज़ोर हो गए हैं। ऐसा इसलिए है क्योंकि हमारे आसपास की दुनिया ज़्यादा शोर भरी हो गई है। हर स्क्रॉल एक संकेत है। हर नोटिफिकेशन एक बुलावा है। हर टैप एक व्यापार है, हमारा समय उनके मुनाफे के लिए।

और उस व्यापार में, लागत कुछ अनमोल है: हमारा ध्यान।

जब आप अपना ध्यान दे देते हैं, तो आप मिनटों से ज़्यादा खो देते हैं, आप स्पष्टता खो देते हैं। आप अपनी खुद की दिशा खो देते हैं। आप उस आंतरिक आवाज़ को खो देते हैं जो कभी आपको मार्गदर्शन करती थी।

लेकिन अच्छी खबर यह है: दिमाग कभी आज़ाद रहना नहीं भूलता। यह बस शोर के नीचे दब गया है। और जागरूकता वह प्रकाश है जो उस कोहरे को साफ करता है।

जैसे ही आप ध्यान देना शुरू करते हैं कि:
कुछ ऐप आपको कैसे चिंतित करते हैं,
नोटिफिकेशन कैसे झूठी तात्कालिकता पैदा करते हैं,
अंतहीन इनपुट आपकी सोच को कैसे धुंधला करता है,
आप बदलना शुरू कर देते हैं।
आप पीछे हटना शुरू कर देते हैं।
आप गुस्से में अपने सभी ऐप अनइंस्टॉल नहीं करते। आप उन्हें जीवन रेखा के रूप में देखना बंद कर देते हैं। आप उन्हें वैसे ही देखते हैं जैसे वे हैं, उपकरण, जाल नहीं।

आप पूछना शुरू करते हैं:
क्या मुझे इसकी ज़रूरत है?
क्या यह मुझे बढ़ने में मदद कर रहा है, या मुझे फिर से सुस्त कर रहा है?
यहाँ वास्तव में कौन नियंत्रण में है, क्या मैं यह चुन रहा हूँ, या ऐप मेरे लिए चुन रहा है?

यह इच्छाशक्ति के बारे में नहीं है। यह स्पष्टता के बारे में है।

और हर ईमानदार सवाल के साथ, मानसिक जेल की एक और दीवार गिरने लगती है।

इसे ऐसे समझें: आप एक सड़क किनारे चाट की दुकान के पास से गुजरते हैं। यह ज़ोरदार, रंगीन, लुभावना है। आप जानते हैं कि यह रोज़ाना के स्वास्थ्य के लिए अच्छा नहीं है, लेकिन आप फिर भी खिंचे चले आते हैं। यह आसान, त्वरित, तुरंत संतोषजनक है।

डिजिटल आदतें ऐसे ही काम करती हैं, मजेदार, नशे की लत वाली, लेकिन शायद ही कभी पौष्टिक।

तो अपना फोन फेंकें नहीं। तकनीक से लड़ें नहीं। यह एंटी-डिजिटल नहीं है। यह एंटी-अचेतन है।

एक फोन जोड़ सकता है। या यह नियंत्रित कर सकता है। अंतर फोन नहीं है। यह इसे इस्तेमाल करते समय आपकी जागरूकता है।

और यही वह है जो यह अध्याय आपको करने के लिए आमंत्रित करता है, जागने के लिए।

एक साथ नहीं। नाटकीय रूप से नहीं। बल्कि धीरे-धीरे। सुबह के सूरज में कोहरा साफ होने की तरह।

यह महसूस करने के लिए:
आपका दिमाग आपका है।
आपकी उपस्थिति मूल्यवान है।
और आपकी खामोशी में शक्ति है।

जब खामोशी अजीब लगने लगी

एक समय था जब खामोशी स्वाभाविक थी। आपको इसे "बनाने" या "शेड्यूल करने" की ज़रूरत नहीं थी। यह बस थी, सुबह-सुबह, एक पेड़ के नीचे, घर लौटते दो दोस्तों के बीच, या बस का इंतज़ार करते हुए। इसे रिकॉर्ड करने, इसके बारे में पोस्ट करने, या इससे बचने का कोई दबाव नहीं था। यह बस मौजूद थी, कच्ची, शुद्ध और शांतिपूर्ण।

अब? खामोशी हममें से कई लोगों को असहज करती है। जिस पल बातचीत रुकती है या हम अकेले रह जाते हैं, हमारे हाथ हमारे फोन की ओर बढ़ते हैं, लगभग एक पलटाव की तरह। अगर कोई बैकग्राउंड म्यूज़िक नहीं है, तो हम यूट्यूब खोलते हैं। अगर कमरा शांत है, तो हम एक रील बजाना शुरू कर देते हैं। ऐसा लगता है जैसे खामोशी एक खालीपन है जिसे तुरंत भरना ज़रूरी है।

इसके बारे में सोचो। एक नवविवाहित महिला सुबह जल्दी उठती है जबकि उसका पति अभी भी सो रहा होता है। वह अपनी चाय लेती है, खिड़की तक जाती है, और बैठ जाती है। सुबह नरम है। हवा ठंडी है। चिड़ियाँ चहक रही हैं। लेकिन शांति में डूबने के बजाय, उसका हाथ उसके फोन की ओर बढ़ता है। बिना एहसास किए, स्क्रॉल... टैप... स्वाइप। वह पल आता है। और चला जाता है।

या एक गाँव का दृश्य चित्रित करें। साल पहले, बुजुर्ग सुबह की धूप में लकड़ी के खाट पर बैठते थे, फसलों, परिवार या मौसम के बारे में बातें करते थे। खामोशी एक साथी थी। अब, वही खाट पर वही आदमी है, लेकिन हेडफोन लगाए हुए, आँखें फोन पर टिकी हुई हैं। सूरज उगता है। चिड़ियाँ बुलाती हैं। लेकिन उनमें से कुछ भी उस तक नहीं पहुँचता।

हमने सिर्फ खामोशी नहीं खोई है। हमने इसके प्रति एक चिंता विकसित की है। यह अजीब, खाली, कभी-कभी तो धमकी भरा भी लगता है। लेकिन क्यों?

क्योंकि खामोशी दिखाती है। यह उजागर करती है। यह उन चीज़ों को उजागर करती है जिनसे हम बच रहे हैं, अकेलापन, बेचैनी, अनसुलझे विचार, या असहज भावनाएँ। और उनका सामना करने के बजाय, हम खुद को शोर से विचलित करते हैं।

लेकिन सच्चाई यह है: खामोशी खाली नहीं है। खामोशी अनकही सच्चाइयों से भरी है।
खामोशी में उपस्थिति होती है।
इसमें स्पष्टता होती है।
इसमें संदेश होते हैं, अगर हम सुनने को तैयार हों।

एक ऐसी दुनिया में जो हमें "चलते रहने" के लिए कहती है, खामोशी हमें "रुकने" के लिए कहती है।
एक ऐसी संस्कृति में जो ज़्यादा बोलने के प्रति जुनूनी है, खामोशी हमें बेहतर सुनना सिखाती है।
कभी-कभी, आपकी सबसे गहरी पहचान किसी किताब या वीडियो से नहीं आती, यह तब आती है जब आप अकेले बैठते हैं, बिना किसी व्यवधान के, और बस साँस लेते हैं।

यहाँ कुछ सोचने लायक है:

पिछली बार आप कब खामोशी में बैठे थे और आपने अपना फोन नहीं उठाया था?

आपके दिमाग में कौन से विचार उभरे जिन्हें आपने तुरंत दूर धकेल दिया?
आप अपने ही दिमाग में क्या सुनने से इतना डरते हैं?

यह शुरुआत में मुश्किल हो सकता है। खामोशी असहज, यहाँ तक कि चिड़चिड़ी भी लग सकती है। लेकिन अगर आप इसके साथ रहते हैं, अगर आप

अपने अंदर के शोर को सहते हैं, तो धीरे-धीरे, वह तूफान थम जाता है। और जो बचता है... वह स्पष्टता है।

सवाल यह है:
क्या हम खामोशी में लौटने को तैयार हैं?
क्या हम बिना स्क्रॉल किए बैठने को तैयार हैं?
क्या हम यह सुनने के लिए पर्याप्त बहादुर हैं कि खामोशी क्या कहने की कोशिश कर रही है?
क्योंकि सच्चाई यह है: खामोशी ने हमें कभी नहीं छोड़ा।
हम बस उसके लिए उपस्थित होना बंद कर दिए।

"मेरे पास समय नहीं है" का मिथक

"मेरे पास समय नहीं है।"
यह वह एक लाइन है जो हम सभी ने कही है,
और जिस पर विश्वास भी किया है।
पढ़ने का समय नहीं।
व्यायाम का समय नहीं।
कुछ नया सीखने का समय नहीं।
बस आराम करने का समय नहीं।

लेकिन यहाँ असहज सच्चाई है:
यह समय के बारे में नहीं है। यह जागरूकता के बारे में है।
इस ग्रह पर हर इंसान, अरबपति, छात्र, कलाकार, गृहिणी - को वही 24 घंटे मिलते हैं। अंतर घड़ी नहीं है। यह इस बात पर है कि हम उस घड़ी के भीतर किस पर ध्यान केंद्रित करते हैं।

हम अक्सर यह मान लेते हैं कि जो लोग ध्यान करते हैं, व्यवसाय चलाते हैं, किताबें लिखते हैं, या बच्चों को पढ़ाते हुए पढ़ाई करते हैं, वे "असाधारण" हैं। लेकिन वे अलौकिक नहीं हैं, वे बस इस बात से अधिक जागरूक हैं कि वे अपने समय का उपयोग कैसे करते हैं।

अपने आस-पास करीब से देखें:
एक कॉलेज की छात्रा कहती है, "मेरे पास रीवाइस करने का समय नहीं है," लेकिन उसने आज 90 मिनट रील्स देखने में बिताए हैं।
एक सरकारी क्लर्क थकान की शिकायत करता है, लेकिन हर शाम, वह ऐसे वीडियो देखता है जो उसे और भी थका देते हैं।
एक माँ कहती है, "मुझे अपने लिए एक पल भी नहीं मिलता," लेकिन उन 10 शांतिपूर्ण मिनटों में, वह अपनी ज़िंदगी से जुड़ने के बजाय दूसरे लोगों की ज़िंदगी स्क्रॉल करती है।

हम आलसी नहीं हैं।
हम गैर-जिम्मेदार नहीं हैं।
हम बस विचलित हैं, लगातार, अचेतन रूप से।

यह खुशी या आराम को खत्म करने के बारे में नहीं है। यह उपभोग को खत्म करने के बारे में है, वह जो घंटों खा जाता है और पीछे खालीपन छोड़ जाता है।

आइए इस मिथक को तोड़ें:
आपको और समय की ज़रूरत नहीं है।
आपको अपना समय बिना एहसास किए देना बंद करने की ज़रूरत है।

अदृश्य आदान-प्रदान

हर बार जब आप "सिर्फ 2 मिनट" के लिए अपना फोन चेक करते हैं, तो आप अक्सर 20 मिनट के लिए गायब हो जाते हैं।
हर बार जब आप इंतज़ार करते हुए कोई ऐप खोलते हैं, तो आप निरीक्षण करने, साँस लेने, सोचने या यहाँ तक कि सपने देखने का मौका खो देते हैं।
हमने अपने दिमाग को स्थिरता को अस्वीकार करने और उत्तेजना खोजने के लिए प्रशिक्षित किया है।

लेकिन मानसिक स्पष्टता एक मुद्रा की तरह है।
आप इसे कहाँ खर्च करते हैं, यह आपके जीवन को आकार देता है।
अगर आप इसे अचेतन रूप से खर्च करते हैं, तो जीवन बिखरा हुआ लगता है
अगर आप इसे इरादे से खर्च करते हैं, तो जीवन आपका लगता है।

एक छात्र पढ़ाई से "जल्दी ब्रेक" लेता है, एक रील खोलता है, और 32 और देखने लगता है।

एक कामकाजी महिला रात का खाना खत्म करती है और 45 मिनट तक स्क्रॉल करती है, फिर कहती है, "आज का दिन अनुत्पादक लगा।"

एक युवा पुरुष खुद से कहता है कि वह जल्दी सो जाएगा, लेकिन वह "आखिरी स्क्रॉल" आधी रात तक खिंच जाता है।

हम जानबूझकर समय बर्बाद नहीं कर रहे हैं।
हम इसे एक-एक रील, एक-एक स्क्रॉल, एक-एक क्लिक करके लीक कर रहे हैं।

आप क्या कर सकते हैं?

आपको प्रोडक्टिविटी मशीन बनने की ज़रूरत नहीं है।

आपको बस इस बात से अवगत होने की ज़रूरत है कि आपका समय कहाँ फिसलता है।

यह कोशिश करें:

- अगली बार जब आप अपना फोन उठाएँ, तो ज़ोर से कहें कि आप क्या करने वाले हैं। अगर यह बेतुका लगता है, तो आप इसे नीचे रख देंगे।

- एक छोटा लॉग रखें:
  "मेरा पिछला घंटा कहाँ गया?"
  बिना किसी निर्णय के इसे लिखें,
  बस देखें।

- एक 30 मिनट के स्क्रॉलिंग सेशन को 10 मिनट के वास्तविक आराम, 10 मिनट के सीखने और 10 मिनट के कुछ न करने से बदलें।

समय को नियंत्रित करने की ज़रूरत नहीं है।
इसका सम्मान करने की ज़रूरत है।

एक साधारण सत्य
"मेरे पास समय नहीं है"
अक्सर एक ढाल होता है, कार्यों से नहीं, बल्कि असहजता से।
क्योंकि स्थिरता उन विचारों को सामने लाती है जिनसे हम बच रहे हैं।
क्योंकि डोपामाइन की ऊँचाइयों की तुलना में आराम उबाऊ लगता है।
क्योंकि कुछ वास्तविक करने में कुछ आसान उपभोग करने से ज़्यादा प्रयास लगता है।

लेकिन जिस पल आप अपनी स्थिरता की ज़िम्मेदारी लेते हैं -

समय का विस्तार होता है।
जीवन धीमा हो जाता है।
आप बेहतर साँस लेते हैं।

खुद से पूछो:

- क्या मेरा समय चोरी हो रहा है, या मैं इसे अचेतन रूप से दे रहा हूँ?
- जब मैं कहता हूँ कि मैं थक गया हूँ, तो क्या यह काम से है, या मानसिक अव्यवस्था से?
- आज के कौन से 30 मिनट मैं बिना अपराधबोध के अपने लिए वापस ले सकता हूँ?

सच्चाई यह है, आपका समय हमेशा पर्याप्त था।
आप बस भूल गए कि इसमें से कितना वास्तव में आपका था।

डिजिटल सुनामी

एक सुनामी आते ही चिल्लाती नहीं। यह चुपचाप शुरू होती है, समुद्र पीछे हटता है, और इससे पहले कि आपको एहसास हो कि क्या हो रहा है, पानी अदम्य शक्ति के साथ लौटता है। डिजिटल दुनिया भी ऐसी ही है।

हमारे फोन फटते नहीं। वे फुसफुसाते हैं।
एक नोटिफिकेशन। एक अलर्ट। एक स्वाइप।
और धीरे-धीरे, हम रील्स, मैसेज, ब्रेकिंग न्यूज़, ट्रेंडिंग मीम्स, वायरल वीडियो और बहुत कुछ से बह जाते हैं।
ऐसा नहीं है कि डिजिटल उपकरण बुरे हैं।
यह है कि हमने उनका सचेत रूप से उपयोग करना बंद कर दिया है।

डिजिटल सुनामी कैसी दिखती है?

यह कल्पना करें:

एक 14 साल का लड़का उठने के बाद अपना फोन खोलता है।
दाँत ब्रश करने से पहले ही, उसने दो मीम्स, एक गेमिंग वीडियो और एक सेलिब्रिटी स्टोरी देख ली है।
सुबह 9 बजे तक, उसने इतनी सामग्री का उपभोग कर लिया है जितनी 90 के दशक में कोई पूरे एक हफ्ते में करता था।

घर से काम करने वाली 35 साल की महिला "जल्दी ब्रेक" के लिए बैठती है।
वह इंस्टाग्राम खोलती है। एक रील। फिर दूसरी। अचानक, 40 मिनट बीत गए हैं।
वह मानसिक रूप से धुंधली महसूस करती है, ताज़ा नहीं।

एक स्कूल शिक्षक एक डॉक्यूमेंट्री देखने के लिए यूट्यूब खोलती है, लेकिन ऐप खोलने का कारण याद करने से पहले ही 5 असंबंधित वीडियो देख लेती है।

यह मनोरंजन नहीं है।
यह एक अदृश्य बाढ़ है।
आपको लगता है कि आप नियंत्रण में हैं, लेकिन धीरे-धीरे, आपकी मानसिक बैंडविड्थ बह जाती है।

खामोश नुकसान

सुनामी का सबसे खतरनाक हिस्सा पानी नहीं है, यह वह बल और गति है जिससे वह टकराती है।
डिजिटल बाढ़ के साथ भी ऐसा ही है।

हमारा दिमाग कभी भी इस स्तर की उत्तेजना के लिए डिज़ाइन नहीं किया गया था।
हमारा ध्यान 15 सेकंड के डोपामाइन हिट, सैकड़ों सुर्खियों और अंतहीन स्क्रॉलिंग के लिए नहीं बना है।
परिणाम?

- छोटी ध्यान अवधि
- मानसिक थकान
- बढ़ती बेचैनी
- भावनात्मक गहराई में कमी

और सबसे बुरा, "भरा हुआ लेकिन खाली" होने का एक शांत एहसास।
जैसे हमने बहुत कुछ लिया है, लेकिन कुछ भी सार्थक नहीं।

हमारे दिमाग के अंदर का लूप

यह सिर्फ हमारे बाहर नहीं है। असली सुनामी अंदर होती है।

- आप एक ऐप खोलते हैं।
- आप एक छोटा वीडियो देखते हैं।
- यह अच्छा लगता है, आपके दिमाग को थोड़ा डोपामाइन मिलता है।
- तो आप इसे फिर से करते हैं। और फिर से। और फिर से।
- जल्द ही, आपको यह भी याद नहीं रहता कि आपने चुना था, आप बस प्रतिक्रिया दे रहे होते हैं।

यह नाटकीय अर्थ में लत नहीं है।
यह आदत, पुनरावृत्ति और अचेतन गति है।
यह सामान्य लगता है।

लेकिन धीरे-धीरे, यह हमारी सोचने, महसूस करने और व्यवहार करने के तरीके को फिर से तार-तार कर देता है।

लेकिन एक रास्ता है बाहर

आप सुनामी को रोक नहीं सकते।
लेकिन आप ऊँची ज़मीन बना सकते हैं।
और डिजिटल दुनिया में, आपकी ऊँची ज़मीन इससे बनी है:

सीमाएँ: तय करें कि आप अपना फोन कब और कहाँ इस्तेमाल करेंगे।
इरादा: खुद से पूछें कि आप कोई ऐप क्यों खोल रहे हैं - आप वास्तव में क्या ढूंढ रहे हैं?
उपस्थिति: यह ध्यान देना सीखें कि आपका दिमाग कब भटकता है। इसे वापस लाएँ।

आपको अपने ऐप डिलीट करने की ज़रूरत नहीं है।
आपको तकनीक छोड़नी नहीं है।
आपको बस अपनी जागरूकता वापस पानी है।

पुनर्संयोजन
लक्ष्य दुनिया से डिस्कनेक्ट करना नहीं है, यह खुद से फिर से जुड़ना है।
अपनी साँस के साथ।
उस किताब के साथ जिसे आप खत्म करना चाहते थे।
अपने बगल में बैठे व्यक्ति के साथ।
अपनी खुद की आंतरिक शांति के साथ।

क्योंकि कोई भी ऐप आपको वह नहीं दे सकता जो आपकी अपनी उपस्थिति दे सकती है।

एक लड़का अपनी माँ के बगल में चाय के दौरान बैठा है। वह अपनी चाय पीते हुए वीडियो स्क्रॉल कर रही है। वह उसे देखता है, स्कूल के बारे में बात करना चाहता है। वह ध्यान नहीं देती।
बाद में, वह खुद से कहती है, "हमने एक साथ समय बिताया।"
लेकिन क्या उन्होंने वास्तव में बिताया?
उपस्थिति एक ही कमरे में होने के बारे में नहीं है।
यह मानसिक रूप से, भावनात्मक रूप से वहाँ होने के बारे में है, बिना विचलित हुए।

अंतिम विचार
डिजिटल सुनामी आपके बाहर की लहर नहीं है।
यह आपके अंदर का एक लूप है।
लेकिन जागरूकता आपकी जीवनरक्षक नाव है।
आपको भागने की ज़रूरत नहीं है।
आपको बस जागने की ज़रूरत है।

"दृश्यमान" रहने का दबाव

उसने कल कुछ भी पोस्ट नहीं किया। और आज, उसे... अदृश्य महसूस होता है।
यह अजीब है, कुछ साल पहले, वह अपनी शामें सूर्यास्त देखने या छत पर अपनी माँ के साथ चाय पीने में बिताती थी। अब, अगर कोई फोटो अपलोड नहीं की जाती, अगर 100 लोग कोई स्टोरी नहीं देखते, तो उसे लगता है कि दिन हुआ ही नहीं।

लेकिन यह वैनिटी नहीं है। यह डिजिटल जंगल में जीवित रहना है। हम एक ऐसे युग में रहते हैं जहाँ जागरूकता अब वैकल्पिक नहीं है, यह मुद्रा है। लोग

सिर्फ जीवन के क्षणों को साझा नहीं कर रहे हैं; वे अपनी डिजिटल उपस्थिति बनाए रख रहे हैं। और उस उपस्थिति के पीछे, एक शांत दबाव है: "अगर मैं नहीं देखा जाता, तो क्या मैं मायने रखता हूँ?"

एक कॉलेज के लड़के ने एक बार मुझसे कहा, "अगर मैं एक हफ्ते तक कुछ भी पोस्ट नहीं करता, तो मेरे दोस्त मुझे टेक्स्ट करना बंद कर देते हैं। ऐसा लगता है जैसे मैं गायब हो जाता हूँ।"

वह अकेला नहीं है। एक 40 वर्षीय गृहिणी कहती है कि जब वह त्योहार की तस्वीरें ऑनलाइन साझा नहीं करती तो उसे जज किया जाता है। एक फिटनेस कोच को चिंता होती है अगर उसके स्टोरी व्यूज़ गिर जाते हैं। यहाँ तक कि पेशेवर भी मानते हैं: अगर वे उपलब्धियों को पोस्ट नहीं कर रहे हैं, तो उन्हें विफलता जैसा महसूस होता है।

हमने उपस्थिति को प्रदर्शन से बदल दिया है। मानसिक स्पष्टता मूल्य का एक माप बन गई है। हम एक चक्र में फंस गए हैं - दस्तावेज़, पोस्ट, सत्यापन की प्रतीक्षा करें। फिर दोहराएँ।
और धीरे-धीरे, अदृश्यता गरीबी जैसी महसूस होती है। खामोशी नुकसान जैसी महसूस होती है।

लेकिन क्या होगा अगर सच्चाई इसके विपरीत है? क्या होगा अगर अदृश्यता अप्रासंगिकता का संकेत नहीं बल्कि शांति का मार्ग है?

खामोशी में शक्ति है। अदृश्यता स्वतंत्रता हो सकती है, निर्णय, तुलना, दबाव से। जब आप एल्गोरिथम को खिलाना बंद कर देते हैं, तो आप अपनी आत्मा को खिलाना शुरू कर देते हैं।

कल्पना करें कि सुबह उठकर आपको पोस्ट करने का कोई दायित्व महसूस न हो। कल्पना करें कि जीवन को पूरी तरह से अनुभव करना, उसे साबित करने

की आवश्यकता के बिना। अपनी माँ के साथ वह चाय और भी समृद्ध, और अधिक पवित्र हो जाती है, क्योंकि वह आपकी है, दिखाने के लिए नहीं।

इसके पीछे एक न्यूरोसाइंस भी है।
लाइक्स और नोटिफिकेशन डोपामाइन के प्रवाह को ट्रिगर करते हैं,
जो दिमाग का अच्छा महसूस कराने वाला रसायन है।
लेकिन समय के साथ, दिमाग उसी इनाम को महसूस करने के लिए और अधिक की मांग करता है।
यह हमें बाहरी स्वीकृति की अथक खोज में धकेलता है, धीरे-धीरे हमारी शांत आंतरिक शांति को नष्ट कर देता है।
लाइक्स और नोटिफिकेशन डोपामाइन के प्रवाह को ट्रिगर करते हैं,
जो दिमाग का अच्छा महसूस कराने वाला रसायन है।
आप अधिक मौजूद महसूस करते हैं। आप अधिक... आप... महसूस करते हैं।

वास्तव में मौजूद होना दूसरों द्वारा देखा जाना नहीं है बल्कि खुद को देखना है - स्पष्ट रूप से, चुपचाप।

आपको अपनी ज़िंदगी का प्रदर्शन करने की ज़रूरत नहीं है। आप बस उसे जी सकते हैं।
चुपचाप। ईमानदारी से। गहराई से।
और कभी-कभी, अदृश्यता नुकसान नहीं - मुक्ति है।

"और" की लत

हम सर्दियों के आने का इंतज़ार करते थे। अब हम पाँच सेकंड भी इंतज़ार नहीं कर सकते।
और गति। और अपडेट। और खबर। और भाग-दौड़। और रील्स। और फॉलोअर्स। और ऑफर। और सब कुछ।

लेकिन कोई जगह नहीं।

हम "और" में डूब रहे हैं - और अर्थ के लिए तरस रहे हैं।

एक 40 के दशक के आखिर में एक सरकारी कर्मचारी ने एक बार मुझसे कहा, "पहले, हमारे पास कम था, लेकिन हम जीते थे। अब, मेरे पास सब कुछ है लेकिन कुछ भी वास्तविक नहीं लगता।"
उसके शब्द मेरे साथ रह गए।

एक गाँव का एक किशोर एक दिन में तीन रील्स अपलोड करता है, वायरल होने की उम्मीद में। जब पूछा गया क्यों, तो उसने कहा, "क्योंकि यहाँ कुछ और होता नहीं है। लेकिन यह... यह मुझे महसूस कराता है कि मैं मौजूद हूँ।"

हमने उत्तेजना को महत्व से भ्रमित कर दिया है।

हर पिंग, हर स्वाइप, हर स्क्रॉल उत्तेजित करने के लिए डिज़ाइन किया गया है। लेकिन उत्तेजना संतुष्टि नहीं है। यह केवल गति है, अर्थ नहीं।

आधुनिक दिमाग ओवरलोड है। हम एक दिन में उतनी सामग्री का उपभोग करते हैं जितनी हमारे पूर्वजों ने अपने पूरे जीवनकाल में की थी। लेकिन हम वास्तव में क्या पचा रहे हैं? दिमाग, शरीर की तरह, जब बहुत ज़्यादा जंक खाता है तो बीमार हो जाता है।

विज्ञान दिखाता है कि "और" की यह निरंतर खोज दिमाग के इनाम प्रणाली को ज़्यादा उत्तेजित करती है, खासकर डोपामाइन मार्ग को। इससे सुन्नता आती है, एक ऐसी स्थिति जहाँ कुछ भी संतोषजनक महसूस नहीं होता। इसलिए 30 रील्स देखने के बाद भी आप खालीपन महसूस करते हैं।

हमें लगता है कि हम और चाहते हैं। लेकिन हम नहीं चाहते। हम गहरा चाहते हैं।
हम उपस्थिति चाहते हैं, सिर्फ उत्पादकता नहीं। हम शांति चाहते हैं, सिर्फ गति नहीं।

लेकिन "और" हमारा धर्म बन गया है। भाग-दौड़ की पूजा की जाती है। आरम को दोषी ठहराया जाता है। धीमेपन से डरा जाता है।

हमें रुकने की ज़रूरत है। हमें पूछने की ज़रूरत है, और क्या?
किस लिए?
किस कीमत पर?
क्योंकि अगर और से कोई अर्थ नहीं जुड़ता, तो वह सिर्फ शोर है।

वास्तविक विकास हमेशा गति जैसा नहीं दिखता। कभी-कभी यह स्थिरता होती है। कभी-कभी यह ना कहना होता है। कभी-कभी यह महसूस करना होता है कि पर्याप्त है।

कम चुनें, लेकिन गहरा।

क्योंकि आत्मा अधिक के लिए भूखी नहीं है, वह वास्तविक के लिए भूखी है।

डिजिटल भूख बनाम वास्तविक पोषण

वह दाँत ब्रश करने से पहले अपना फोन चेक करता है। वह खाते हुए स्क्रॉल करता है। वाई-फाई बंद होने पर उसे चिंता होती है।
यह शरीर की भूख नहीं है। यह विचलित मन की भूख है।

हम पहले से कहीं ज़्यादा जुड़े हुए हैं, लेकिन खुद से ज़्यादा कटे हुए हैं।

वास्तविक पोषण पिक्सेल से नहीं आता। यह उपस्थिति से आता है। यह ऊपर देखने से आता है, नीचे नहीं। चिड़ियों को सुनने से आता है, सिर्फ बजने से नहीं। वास्तविक बातचीत से आता है, टिप्पणियों से नहीं।

एक समय था जब लोग रात के खाने के बाद खामोशी में बैठते थे। अब वे अपनी स्क्रीन के साथ बैठते हैं। बच्चे भी तेज़ी से खाते हैं, बस फोन वापस पाने के लिए।

एक कामकाजी माँ ने एक बार मुझसे कहा,
"मैंने रात का खाना बनाया है, घर साफ किया है,
ईमेल का जवाब दिया है,
लेकिन फिर भी, मैं भूखी महसूस करती हूँ।
खाने की नहीं।
बल्कि समय की, शांति की, जुड़ाव की।"

हम दिमाग को क्या खिला रहे हैं?
और हम उसे किस चीज़ से भूखा रख रहे हैं?
हम बस होने की क्षमता खो रहे हैं। हम उत्तेजना के आदी हैं।
और उत्तेजना संतुष्टि के समान नहीं है।

शरीर को आराम की ज़रूरत होती है।
दिमाग को भी।
लेकिन असीमित स्क्रॉलिंग की दुनिया में,
हम रुकना भूल गए हैं।

मनोवैज्ञानिक रूप से, दिमाग को खाली समय की ज़रूरत होती है -
प्रसंस्करण, सोचने और बहाल करने का समय।
तभी रचनात्मकता पनपती है।

तभी उपचार होता है।
इसके बजाय, हमने एक ऐसी संस्कृति बनाई है जहाँ स्थिरता कमज़ोरी जैसी लगती है।
जहाँ बोरियत को भरा जाना चाहिए। जहाँ खामोशी धमकी भरी लगती है।

लेकिन खामोशी पवित्र है। यह भूला हुआ पोषक तत्व है।
जब हम स्क्रीन से स्थिरता को बदलते हैं,
तो हम कुछ अनमोल खो देते हैं - अपनी खुद की आंतरिक आवाज़।
हमें इसे वापस पाना चाहिए।

हमें दिमाग को गहराई से,
उपस्थिति से, प्रकृति से, रिश्तों से पोषण देना चाहिए।
सिर्फ फ़ीड से नहीं।
क्योंकि दिमाग, शरीर की तरह, जंक पर पनप नहीं सकता।
वास्तविक पोषण धीमा,
शांत, मानवीय होता है।
और यह तब शुरू होता है
जब हम ऊपर देखते हैं।

वर्तमान क्षण को वापस पाना

एक समय था जब खामोशी ही काफी थी।
लोगों को हर सेकंड को शोर,
नोटिफिकेशन या नेटफ्लिक्स से भरने की ज़रूरत महसूस नहीं होती थी।
वे बस बैठ सकते थे, चाय के साथ,
साँस के साथ, एक-दूसरे के साथ।

अब, हम स्थिरता से डरते हैं।

जैसे ही जीवन धीमा होता है, हम व्याकुलता में भाग जाते हैं।
लेकिन क्या होगा अगर हम रुकें? क्या होगा अगर हम खामोशी में,
असहजता में, साँस में बैठें?

यह क्षण हमारे भीतर मौजूद है, किसी स्क्रीन पर नहीं। इस क्षण में वास्तव में रहना जीवन को उसका वास्तविक अर्थ देना है।

एक लड़के ने एक बार एक दिन के लिए अपना फोन बंद कर दिया।
"पहले, मैं चिंतित था,"
उसने कहा।
"लेकिन फिर मैंने ध्यान दिया,
चिड़ियों की आवाज़,
कमरे में रोशनी, मेरी छोटी बहन की मुस्कान। मैं जीवन को याद कर रहा था।"

वर्तमान को वापस पाना सिर्फ काव्यात्मक नहीं है,
यह जैविक है।

जब हम साँस पर, प्रकृति पर, अभी पर ध्यान केंद्रित करते हैं तो हमारा तंत्रिका तंत्र शांत हो जाता है। तनाव हार्मोन कम होते हैं।
हृदय गति संतुलित होती है।
जागरूकता बढ़ती है।

हम फिर से इंसान बन जाते हैं।
माइंडफुलनेस शोध में,
उपस्थिति स्मृति, फोकस, प्रतिरक्षा और यहाँ तक कि भावनात्मक लचीलेपन में सुधार करती है।
यह शाब्दिक रूप से ठीक करती है।

लेकिन हमने ऐप्स को ध्यान का ठेका दे दिया है।

हमने अपना अभी दे दिया है।
इसे वापस पाने का मतलब है
लौटना - अपने आप में, अपने शरीर में, उस चीज़ में जो मायने रखती है।

कोई भी आपके लिए यह नहीं कर सकता।
आपको रुकने का चुनाव करना होगा।
सुनने का। महसूस करने का।
जीवन बाद में नहीं होता। यह अभी होता है।
अगली रील में नहीं। अगली उपलब्धि के बाद नहीं।
बल्कि यहाँ।
अभी।

क्योंकि वर्तमान सिर्फ एक पल नहीं है, यह आपका घर है।

"आज रात, सोने से पहले, बस 5 मिनट खामोशी में बिताएँ - कोई स्क्रीन नहीं, कोई संगीत नहीं। बस ध्यान दें कि आपका मन क्या कहता है। उसे लिख लें। वही आपकी सच्चाई है।"

अध्याय 2: हर कोई व्यस्त क्यों है, पर खाली क्यों?

हलचल के पीछे की धड़कन

रात के 2 बजे एक अजीब-सी खामोशी छा जाती है। दुनिया सो रही होती है। स्क्रीन शांत होते हैं। लेकिन आपका मन? वो घूमता रहता है। आप बाहर से स्थिर लेटे होते हैं, पर अंदर ही अंदर दौड़ रहे होते हैं।

आप डेडलाइन के बारे में सोचते हैं, उन मैसेजों के बारे में जिनका आपने जवाब नहीं दिया, उन बातचीत के बारे में जिन्हें आप बार-बार दोहराते हैं। सोचते हैं, "क्या ज़िंदगी ऐसी ही होनी चाहिए?"

व्यस्त। उत्पादक। लोगों से घिरे हुए।
और फिर भी खाली।

हम हमेशा ऐसे नहीं थे।
एक समय था जब सुबह का मतलब पक्षियों का चहचहाना था, नीली रोशनी नहीं।
जब हम घड़ी देखे बिना बातें करते थे।
जब सप्ताहांत (वीकेंड) आराम करने का मौका होता था, न कि थकान मिटाने का मिशन।
लेकिन कहीं न कहीं, अर्थ से ज़्यादा गति महत्वपूर्ण हो गई।

'होना' की जगह 'करना' ने ले ली।
और हमने सबसे बुनियादी सवाल पूछना बंद कर दिया:
"क्या मैं ठीक हूँ?"

आजकल ज़्यादातर लोग बहुत कम काम करने से नहीं थके होते।
वे बहुत ज़्यादा बोझ उठाने से थके होते हैं,
उम्मीदें। नोटिफिकेशन्स। अनकहा दुख।
ठीक दिखने, मज़बूत रहने, तेज़ी से चलने, आगे बढ़ने का अदृश्य दबाव।
हमें पता भी नहीं चलता कि हम डूब रहे हैं,
क्योंकि बाकी सब भी डूब रहे हैं।

आप इसे खुद में पहचान सकते हैं,
लोगों से घिरे होने पर भी जुड़ाव महसूस न करने की अजीब-सी भावना।
थके हुए, लेकिन आराम न मिला हो।
"भरे हुए" लेकिन संतुष्ट नहीं।

यह अध्याय कोई निदान नहीं है। यह एक निमंत्रण है।
धीमे होने का।
अंदर देखने का।

यह याद रखने का कि हलचल के नीचे अभी भी एक धड़कन है।
और अगर आप ध्यान से सुनेंगे, तो आपको यह सुनाई देगी।
आपके इनबॉक्स में नहीं।
आपकी फ़ीड में नहीं।
बल्कि उस शांत जगह में जहाँ आपका असली स्वरूप अभी भी आपके लौटने का इंतज़ार कर रहा है।

भरे हुए जीवन का भ्रम

अलार्म बजता है।
आपकी आँखें खुलती हैं, और आपका हाथ अनायास ही फ़ोन की ओर बढ़ता है। शायद आप भी ऐसा करते होंगे?

- नोटिफिकेशन (Notifications)
- व्हाट्सएप मैसेज (WhatsApp Messages)
- इंस्टाग्राम हाइलाइट्स (Instagram Highlights)

सुर्खियां,आपने अभी अपनी पहली साँस भी ठीक से नहीं ली होती, और दुनिया आप पर चिल्ला रही होती है।
फिर शुरू होती है भाग-दौड़। एक हाथ से दाँत ब्रश करना, दूसरे से मैसेज स्क्रॉल करना। झटपट चाय, और भी तेज़ी से नाश्ता, सिकुड़ी हुई शर्ट, छूटी हुई कॉल। दिन शुरू भी नहीं हुआ होता, और आपका दिमाग पहले से ही थका होता है।
और यह सिर्फ आपकी कहानी नहीं है।
यह हमारी कहानी है।

दिन-ब-दिन, हम एक मंच पर कलाकारों की तरह आते हैं, चेकबॉक्स भरते हैं, काम पूरे करते हैं, मीटिंग में भाग लेते हैं। बाहर से, सब कुछ ठीक लगता है। लेकिन रात में, उस शांत छत के नीचे, अक्सर एक अजीब-सी बेचैनी रेंग आती है। एक सवाल उठता है:
"आज मैंने इतना कुछ किया...
लेकिन क्या मैंने कुछ महसूस भी किया?"

मैं भी वहाँ रहा हूँ।
एक समय था जब मेरा कैलेंडर एकदम सही दिखता था, रंग-कोडित, बारीकी से नियोजित, और उन प्रतिबद्धताओं से भरा हुआ था जो पूर्ति का वादा करती

थीं। लक्ष्यों से भरा, दक्षता अपने चरम पर। अगर कोई मुझसे पूछता कि मैं कैसा हूँ, तो मेरा जवाब तुरंत होता:
"व्यस्त।"
जैसे व्यस्तता अपने आप में एक सम्मान का प्रतीक हो।
लेकिन समय के साथ, मुझे एहसास हुआ कि मेरा शेड्यूल भरा हुआ था, और मैं... खाली था।

राजीव को ही लीजिए।
वह 32 साल का है, एक टेक एनालिस्ट जिसके पास हर काम के लिए एक सिस्टम है। वह मिनटों में ईमेल का जवाब देता है, मशीनों की तरह डेडलाइन पूरी करता है, और एक भी मीटिंग नहीं भूलता।
लेकिन रात में?
वह बिस्तर पर लेटा रहता है, चुपचाप छत को ताकता रहता है। थका हुआ नहीं... बस खोखला।
"मैं बता नहीं सकता कि क्या गायब है," उसने एक बार मुझसे कहा था।
"लेकिन मुझे पता है कि कुछ तो ज़रूर है।"
क्या यह जाना-पहचाना लगता है?

फिर सिमरन है, 26 साल की, एक एमबीए छात्रा। स्मार्ट, प्रेरित, अच्छी तरह से तैयार, सामाजिक रूप से सक्रिय। उसकी इंस्टाग्राम स्टोरीज़ में सुबह की दौड़, कॉफी कोट्स, प्रोजेक्ट में जीत दिखती है।
लेकिन एक दिन, जब एक दोस्त ने पूछा, "आजकल तुम्हें किस चीज़ में खुशी मिलती है?"
वह जम गई।
"मैं... मैं नहीं जानती," उसने फुसफुसाया।
"मुझे लगता है कि मैं बस सब कुछ संभालने की कोशिश कर रही हूँ।"
और वह अकेली नहीं है।

एक गैलप अध्ययन में पाया गया कि केवल 34% पेशेवर ही अपने काम में वास्तव में व्यस्त महसूस करते हैं। बाकी? बस रस्म अदायगी कर रहे होते हैं,काम कर रहे होते हैं, लेकिन अंदर से कुछ महसूस नहीं करते।

हम सब दौड़ रहे हैं।
लेकिन हममें से ज़्यादातर को यह नहीं पता कि हमारा अगला कदम क्या है।
हम सूचनाओं के सागर में डूबे हुए हैं, फिर भी सच्ची समझ के लिए तरस रहे हैं।
लोगों से घिरे हुए हैं, फिर भी जुड़ाव के लिए तरस रहे हैं।
हर दिन तेज़ी से आगे बढ़ रहे हैं, लेकिन कहीं नहीं पहुँच रहे।

यह खालीपन सिर्फ भावनात्मक नहीं, जैविक भी है।
जब आप लगातार "गो-मोड" में होते हैं, तो आपका दिमाग कॉर्टिसोल, तनाव हार्मोन, पैदा करता है।
समय के साथ, यह आपके दिमाग में खुशी के रिसेप्टर्स को सुन्न कर देता है।
यही कारण है कि एक सप्ताहांत की छुट्टी भी ताज़ा महसूस नहीं होती।
क्यों एक तारीफ भी असर नहीं करती।
क्यों हँसी... दिखावटी लगने लगती है।
और यह शायद सबसे मुश्किल हिस्सा है:
जब आप महसूस करना बंद कर देते हैं, तो खुद को भी।

तो हम क्या करें?
हम रुकते हैं।

हम बिना स्क्रीन के चाय पीते हैं।

हम बिना पोस्ट किए अपने चेहरे पर रोशनी पड़ने देते हैं।

हम बस एक काम करते हैं... धीरे-धीरे... पूरी तरह से।

केवल व्यस्त रहना, वास्तव में जीना नहीं है।
तो अगली बार जब आपका शेड्यूल भरा हुआ हो, तो खुद से पूछें:

लगातार गति, लगातार खालीपन

क्या आपके साथ कभी ऐसा हुआ है कि आप लगातार कुछ न कुछ कर रहे हों,कॉल, ईमेल, छोटे-मोटे काम, मैसेज,और फिर भी दिन के अंत में, आप अजीब तरह से... खाली महसूस करें?
जैसे आप पूरे दिन चलते रहे हों, लेकिन आपको एक भी पल याद न हो जब आप वास्तव में उस पल में मौजूद थे।
हम सब कहते हैं:
"मैं बहुत व्यस्त रहा हूँ।"
"सुबह से भागा-दौड़ी कर रहा था।"
"बैठने तक का समय नहीं मिला।"
लेकिन अंदर ही अंदर, सवाल फुसफुसाता है,
"किस काम में व्यस्त? और यह अभी भी खाली क्यों लगता है?"

कविता, 29, एक कामकाजी माँ है जिसके दो बच्चे हैं और एक ऐसी नौकरी जो उसे व्यस्त रखती है।
उसका दिन सुबह 6 बजे शुरू होता है और आधी रात के बाद तक नहीं रुकता।
टिफिन। ऑफिस कॉल। किराना। होमवर्क। कपड़े धोना। खाना बनाना।
और जब वह आखिरकार रात को थककर लेटती है, तो कहती है,
"मुझे शांति नहीं मिलती। मुझे... यांत्रिक महसूस होता है।"

मनोवैज्ञानिकों के पास इसके लिए एक शब्द है:
उत्पादकता चिंता ।

यह वह परेशान करने वाली आवाज़ है जो कहती है कि आपको हमेशा कुछ न कुछ करते रहना चाहिए।
कि आराम आलस्य है।
कि आपकी योग्यता उतनी ही है जितनी आपका आखिरी पूरा किया गया काम।
वास्तव में, जर्नल ऑफ बिहेवियरल साइकोलॉजी में प्रकाशित 2022 के एक अध्ययन में पाया गया कि 68% से अधिक कामकाजी वयस्क आराम करते समय अपराधबोध महसूस करते हैं, भले ही उनके शरीर और दिमाग इसके लिए चिल्ला रहे हों।

हम गति में रहते हैं क्योंकि हम इसका आनंद नहीं लेते,
बल्कि इसलिए कि स्थिरता हमें डराती है।
क्योंकि जब हम रुकते हैं...
तो हमें महसूस करना पड़ता है।
और जो हम महसूस करते हैं, वह शायद दर्दनाक हो।

वरुण, 35, एक वरिष्ठ सॉफ्टवेयर इंजीनियर, ने एक बार मुझसे कहा था:
"मैं चैंपियन की तरह मल्टीटास्क करता था।
ज़ूम कॉल, ईमेल, घर में मरम्मत की जाँच, सब एक साथ।
लेकिन अब, मुझे याद नहीं रहता कि लोग मुझसे क्या कहते हैं।
मैं बात करते-करते अपने विचारों का तार खो देता हूँ।
यह ऐसा है... मेरा दिमाग लगातार चल रहा है,
लेकिन मैं वास्तव में किसी भी चीज़ में मौजूद नहीं हूँ।"

यहाँ सच यह है:
जब हमारा तंत्रिका तंत्र बहुत लंबे समय तक अति-उत्तेजित रहता है,
तो यह टूटने लगता है,
भावनात्मक, शारीरिक, मानसिक रूप से।
नींद उथली हो जाती है।

बातचीत में प्रयास लगता है।
यहाँ तक कि खुशी भी पहुँच से बहुत दूर लगती है।

लेकिन गति दुश्मन नहीं है।
दिशाहीन गति दुश्मन है।
सक्रिय होने में कुछ भी गलत नहीं है,
जब तक यह उपस्थित होने से बचने का तरीका न बन जाए।
एक पहिये पर दौड़ते चूहे के बारे में सोचें।
यह दौड़ता है और दौड़ता है, ऊर्जा जलाता है, बहुत पसीना बहाता है,
लेकिन वास्तव में कहीं नहीं जाता।
अब खुद से पूछें:
क्या मेरे दिन उस पहिये की तरह हैं?
क्या मैं आगे बढ़ रहा हूँ, या बस घूम रहा हूँ?

यहाँ एक नरम सच है:
आप आलसी नहीं हैं।
आप बस असंबद्ध हैं।
आप बहुत सी चीज़ों के पीछे भाग रहे हैं
कि आप एक चीज़ को पूरी तरह से महसूस करना भूल गए हैं।

तो अब क्या?
ये आज़माएँ:

- ध्यान दें कि आप कब सिर्फ रुकने से बचने के लिए दौड़ रहे हैं। यह जागरूकता ही शक्तिशाली है।

- बिना अपराधबोध के खुद को आराम करने की अनुमति दें। आराम इनाम नहीं है। यह आपका अधिकार है।

- हर हाँ से पहले "क्यों" पूछें।

हर अवसर आपके लिए नहीं बना होता।

- छोटे पलों को आपको ज़मीन से जोड़े रखने दें।
- आपके चेहरे पर हवा। आपकी चाय की गर्माहट। विचारों के बीच कि शांति।
- महसूस करने के अपने अधिकार को पुनः प्राप्त करें।
  भले ही यह असहज हो। खासकर अगर यह असहज हो।

हम सिर्फ बहुत ज़्यादा करने से नहीं थके हैं।
हम वह करने से थके हैं जो हमें पोषित नहीं करता।
और कहीं शोर के नीचे,
आपका शरीर यह जानता है।
आपका दिल यह जानता है।
आप बस सुनना भूल गए हैं।

कार्यस्थल का नकाब

सोमवार की सुबह किसी भी ऑफिस में कदम रखें।
लैपटॉप बूट हो रहे हैं। कीबोर्ड बज रहे हैं। कॉफी बन रही है।
हर कोई... कार्यात्मक दिखता है। अच्छे कपड़े। विनम्र मुस्कान। कुछ तो खराब चुटकुलों पर भी हँस रहे होते हैं।
लेकिन अगर आप रुकें और थोड़ा करीब से देखें,
तो आपको यह महसूस हो सकता है,
एक तरह की भावनात्मक अनुपस्थिति।
लोग मौजूद हैं।

लेकिन वास्तव में वहाँ नहीं हैं।

रीना, 33, एक शीर्ष फर्म में एक वरिष्ठ प्रबंधक है, उसने पुरस्कार जीते हैं, परियोजनाओं का नेतृत्व किया है, और दर्जनों को सलाह दी है।
कागजों पर, वह एक आदर्श पेशेवर है।
लेकिन जब मैंने पूछा कि वह काम पर वास्तव में कैसा महसूस करती है, तो वह चुप हो गई।
"ऐसा लगता है जैसे मैं हर दिन एक नकाब पहन रही हूँ," उसने आखिर में कहा।
"वे एक नेता को देखते हैं। मुझे लगता है कि मैं सिर्फ मैं होना भूल गई हूँ।"

यह आधुनिक कार्यस्थल है।
एक ऐसी जगह जहाँ प्रदर्शन अक्सर उपस्थिति से ज़्यादा मायने रखता है।
जहाँ "ठीक" होना ही एकमात्र स्वीकार्य मूड है।
जहाँ परिणामों का जश्न मनाया जाता है, लेकिन वास्तविकता का नहीं।
2023 के लिंक्डइन सर्वेक्षण के अनुसार,
71% पेशेवर काम पर अपनी सच्ची भावनाओं को छिपाने के लिए दबाव महसूस करते हैं ताकि वे "मज़बूत" या "स्थिर" दिख सकें।
इसे समझिए।
आपके साथ काम करने वाले दस में से सात लोग संभवतः दिखावा कर रहे हैं, शांत रहने का नाटक कर रहे हैं जबकि चुपचाप तनाव, चिंता या बर्नआउट से जूझ रहे हैं।

समस्या सिर्फ ज़्यादा काम नहीं है।
यह लगातार ठीक होने का नाटक करने का अदृश्य भावनात्मक श्रम है।
"मैं ठीक हूँ" कहने का, जब आप ठीक नहीं होते।
मीटिंग में मुस्कुराने का, जब आपकी छाती भारी महसूस होती है।
उत्पादक होने का, जबकि... खालीपन महसूस होता है।

आयुष, 40, एचआर में काम करता है।
वह अपना दिन कर्मचारियों को सुनने, नीतियों को ठीक करने, "कल्याण" रणनीतियाँ बनाने में बिताता है।
और फिर भी, उसने एक बार मुझसे कहा था:
"कभी-कभी मैं मीटिंग में बैठता हूँ और ऐसा महसूस करता हूँ जैसे मैं अपनी ज़िंदगी को बाहर से देख रहा हूँ।
जैसे मैं किसी स्क्रिप्ट में एक भूमिका निभा रहा हूँ जो मैंने नहीं लिखी।"

यहाँ एक गहरी कीमत चुकानी पड़ती है।
जब हम अपने असली स्वरूप को बहुत लंबे समय तक दबाते हैं,
तो हम सिर्फ ऊर्जा ही नहीं खोते।
हम अपनी पहचान खो देते हैं।
हमें यह विश्वास होने लगता है कि हमारा मूल्य हमारे आउटपुट में है।
कि भावनाएँ कमज़ोरी हैं।
कि भेद्यता हमें गैर-पेशेवर बनाती है।
लेकिन यहाँ वह है जिसे कोई KPI माप नहीं सकता:
वह शांत सहकर्मी जो आज दुख के बावजूद आया।

वह इंटर्न जिसने चिंता के बावजूद मुस्कुराया।

वह माँ जिसने ज़ूम पर लॉग इन करने से पहले अपने आँसू छिपाए।

ये स्प्रेडशीट में नहीं दिखते।
लेकिन वे वास्तविक हैं।
और वे भारी हैं।

तो हम क्या करें?

- हम अपने लिए और दूसरों के लिए जगह बनाना शुरू करते हैं।

ये आज़माएँ:

- जब आप कर सकें, तो ईमानदार रहें। "मैं आज ठीक नहीं हूँ" कहना ठीक है।

- मानवता का उदाहरण बनें। यदि आप नेतृत्व की भूमिका में हैं, तो अपनी मानवीयता साझा करें। यह दूसरों को भी अनुमति देता है।

- केवल प्रदर्शन का नहीं, बल्कि उपस्थिति का जश्न मनाएं।

- हमेशा "ऑन" रहने के दबाव को रोकें।

- वास्तविक बातचीत के लिए जगह बनाएं। हर बातचीत को कुशल होने की ज़रूरत नहीं है। कुछ को बस वास्तविक होने की ज़रूरत है।

आपका पद आपकी सच्चाई नहीं है।
आपकी मुस्कान आपकी कहानी नहीं है।
और आपका आउटपुट आपकी पूरी पहचान नहीं है।
आप एक पूर्ण व्यक्ति हो सकते हैं,
काम पर भी।
खासकर काम पर।

सप्ताहांत का मिथक

हर कोई सप्ताहांत के लिए जीता है।
टीजीआइएफ (TGIF)। शुक्रवार की योजनाएँ। आलसी शनिवार।
आत्म-देखभाल रविवार।
लेकिन ईमानदार रहें, आखिरी बार आपका सप्ताहांत वास्तव में कब आरामदेह महसूस हुआ था?

अरुण, 30, मीडिया में काम करता है। उसका काम तेज़ी से चलने वाला, मांग वाला, और हमेशा ऑनलाइन होता है।
"पूरे हफ्ते मैं शनिवार का इंतज़ार करता हूँ," उसने कहा।
"लेकिन फिर शनिवार सिर्फ... कामों में निकल जाता है।
और रविवार? मैं अपने फ़ोन पर स्क्रॉल करता रहता हूँ जब तक कि एक अजीब-सी चिंता शुरू नहीं हो जाती।
जब तक रात होती है, मैं पहले से ही सोमवार महसूस करने लगता हूँ।"
क्या यह जाना-पहचाना लगता है?

हम सोचते हैं कि हम आराम कर रहे हैं।
लेकिन वास्तव में, हम सिर्फ हफ्ते भर की थकान से उबर रहे होते हैं...
और अगले हफ्ते के लिए तैयार हो रहे होते हैं।
यह सप्ताहांत का मिथक है।
हम मानते हैं कि दो दिन पाँच दिनों की ज़्यादा काम,
पाँच दिनों के तनाव,
पाँच दिनों के भावनात्मक दमन को ठीक कर सकते हैं।
लेकिन सप्ताहांत जादुई नहीं होते।
वे बर्नआउट को ठीक नहीं कर सकते।
वे उपस्थिति की जगह नहीं ले सकते।
वे पुराने जुड़ाव की कमी के नुकसान को खत्म नहीं कर सकते।

मनोवैज्ञानिक इसे "मनोरंजन तनाव कहते हैं।
हाँ, यह एक वास्तविक चीज़ है।
यह तब होता है जब आप अपने खाली समय का आनंद लेने की कोशिश करते हैं,
लेकिन आप इतने बंधे हुए, इतने चिंतित, या इतने थके हुए होते हैं कि आराम महसूस नहीं कर पाते।

जर्नल ऑफ कंज्यूमर रिसर्च द्वारा प्रकाशित एक अध्ययन में, जिन लोगों ने सप्ताहांत में खुद का आनंद लेने का दबाव महसूस किया, उन्होंने कम नहीं, बल्कि ज़्यादा भावनात्मक रूप से थका हुआ महसूस किया।

ऐसा नहीं है कि हमारे पास समय नहीं है।
बल्कि हमने यह भूल गए हैं कि इसका उपयोग बिना प्रदर्शन के कैसे करें।
अंजलि, 27, ने अपने सप्ताहांत को "व्यक्तिगत विकास प्रयोगशालाओं" में बदलने की कोशिश की।
उसने योग, जर्नलिंग, एक नया कौशल सीखना, पढ़ना, यहाँ तक कि उत्पादकता पॉडकास्ट भी प्लान किए।
"मैंने सोचा था कि यह मुझे ऊर्जा देगा," उसने कहा।
"इसके बजाय, मुझे ऐसा लगा जैसे मैं एक अलग तरह की टू-डू लिस्ट में और काम जोड़ रही हूँ।"

यहाँ सच यह है:
हमें सिखाया गया है कि आराम कमाना पड़ता है।
कि स्थिरता एक बर्बादी है।
कि "कुछ नहीं करना" हमें आलसी बनाता है।
लेकिन कुछ नहीं करना कभी-कभी ठीक वही होता है जिसकी हमें ज़रूरत होती है।
कोई स्पा नहीं। कोई छुट्टी नहीं। कोई आत्म-देखभाल की चेकलिस्ट नहीं।
बस... जगह।

तो हम अपने सप्ताहांत, और खुद को कैसे वापस पाते हैं?
ये आज़माएँ:

- प्रदर्शन के लिए आराम को छोड़ दें। आपको धीमे समय को कमाने की ज़रूरत नहीं है। आप इसके हकदार हैं क्योंकि आप इंसान हैं।

- हर घंटे की योजना न बनाएं। अनियोजित खालीपन के लिए जगह बनाएं।

- ऐसी खुशी से फिर से जुड़ें जो उत्पादक न हो। बिना अपराधबोध के कोई फिल्म देखें। कदमों की गिनती के बिना टहलें।

- वास्तविक आराम के लिए जगह बनाएं। भावनात्मक आराम। मानसिक आराम। सामाजिक आराम।

- रविवार को रविवार ही रहने दें। सोमवार से पहले का दिन नहीं।

आपको हमेशा दौड़ने के लिए नहीं बनाया गया था।
आपको महसूस करने के लिए बनाया गया था।
साँस लेने के लिए।
रुकने के लिए।

अंदर का शोर

अकेले बैठने की कोशिश करें।
कोई संगीत नहीं।
कोई स्क्रीन नहीं।
कोई नोटिफिकेशन नहीं।
बस... आप।
अजीब लगता है, है ना?
शायद असहज भी।
क्योंकि जब बाहर की दुनिया आखिरकार शांत हो जाती है,
तो अंदर की दुनिया और तेज़ हो जाती है।

रीतिका, 24, एक पोस्टग्रेजुएट छात्रा ने एक बार मुझसे कहा था:
"मैं शांति में नहीं बैठ सकती।
अगर मेरे आस-पास कोई शोर नहीं होता, तो मेरा दिमाग पागल हो जाता है।
विचार दौड़ने लगते हैं, जिन चीज़ों से मैं बच रही थी,
और यह बहुत ज़्यादा हो जाता है।
तो मैं टीवी चलाए रखती हूँ। भले ही मैं उसे देख न रही हूँ।"
यह असामान्य नहीं है।
यह जीवन रक्षा है।
हमने आवाज़ से भरी ज़िंदगी बनाई है,
डर कि चुप्पी क्या बोल सकती है, अक्सर हमें रोके रखती है।

भले ही कमरा शांत हो,
हम स्क्रॉल कर रहे होते हैं।
या मल्टीटास्क कर रहे होते हैं।
या उसी फ़ीड को पंद्रहवीं बार रीफ्रेश कर रहे होते हैं।
क्यों?
क्योंकि कुछ उपभोग करना ज़्यादा आसान है
बजाय इसके कि खुद का सामना करें।
यह आलस्य नहीं है।
यह अति-उत्तेजना है।
न्यूरोसाइंटिस्ट इसे "संज्ञानात्मक अधिभार कहते हैं,
दिमाग में बहुत सारे टैब खुले होते हैं,
बहुत सारे अधूरे विचार,
साँस लेने के लिए बहुत कम जगह।
हार्वर्ड के एक अध्ययन में पाया गया कि औसत मन 47% समय भटकता रहता है।
परिणामस्वरूप, हम अपने जीवन का लगभग आधा हिस्सा खो रहे होते हैं।
और इससे एक नई तरह की थकान पैदा होती है।
जिसे नींद ठीक नहीं कर पाती।

जिसे मनोरंजन सुन्न नहीं कर पाता।
जो शोर से घिरे होने के बावजूद महसूस होने वाली दूरी से आती है।

लेकिन चुप्पी दुश्मन नहीं है।
यह आईना है।
तरुण, 38, एक स्टार्टअप संस्थापक, ने हर सुबह 10 मिनट की शांत सैर करना शुरू किया।
"शुरुआत में, मेरा दिमाग पूरी आवाज़ पर एक रेडियो जैसा महसूस हुआ," उसने कहा।
"लेकिन फिर, कुछ दिनों के बाद, मुझे उस सारे शोर के नीचे कुछ सुनाई देने लगा...
खुद मैं।"
स्थिरता खालीपन नहीं है।
यह स्पष्टता है।
और आपके दिमाग में वह डरावनी आवाज़?
यह शायद आपका ही वह हिस्सा है जिसे ध्यान की ज़रूरत है।
बचने की नहीं।

यहाँ बताया गया है कि आप धीरे से खुद पर कैसे लौटते हैं:

- "माइक्रो-साइलेंस" का अभ्यास करें। दिन में 5 मिनट। कोई फोन नहीं। कोई लक्ष्य नहीं। बस बैठें।

- खुले तौर पर जर्नल करें। अपने विचारों को बहने दें। गड़बड़ होना ठीक है।

- अपनी भावनाओं का नामकरण करें। "मैं खाली महसूस कर रहा हूँ" भी एक भावना है।

- मल्टीटास्किंग का विरोध करें। एक ही काम पर ध्यान केंद्रित करें, पूरी तरह से पल में डूबे रहें।
- अपने विचारों के प्रति दयालु रहें। वे दुश्मन नहीं हैं। वे संदेश हैं।

चुप्पी सज़ा नहीं है।
यह अनुमति है।
धीमे होने की।
नर्म होने की।
सुनने की।
आप शांति से नहीं डरते।
आप उस चीज़ से डरते हैं जो शांति प्रकट कर सकती है।
लेकिन वह रहस्योद्घाटन?
शायद आपके उपचार की शुरुआत हो।

डोपामाइन ड्रेन

जब भी आपका फ़ोन बजता है, आपका दिमाग जगमगा उठता है।
एक लाइक। एक नया मैसेज।
एक छोटा सा रश।
एक क्षणिक उच्चता।
यह डोपामाइन का काम है।
यह आपके दिमाग में महसूस-कराने वाला रसायन है।
यह आपकी प्रेरणा, ध्यान और इनाम की भावना को बढ़ावा देता है।
यह तब बढ़ता है जब आप कुछ सार्थक करते हैं, जैसे कोई प्रोजेक्ट पूरा करना, कोई कौशल सीखना, या गहरी बातचीत करना।
लेकिन यहाँ समस्या है:
हमने इसे हैक कर लिया है।
अब हमें डोपामाइन मिलता है:

ऑटोप्ले होने वाली रीलों से

कभी न खत्म होने वाले स्क्रॉल से

नोटिफिकेशनों से जो हमें महत्वपूर्ण महसूस कराते हैं, भले ही उनका कोई मतलब न हो

हम लगातार अपने दिमाग को उत्तेजित कर रहे हैं...
लेकिन हम कम और कम संतुष्ट महसूस कर रहे हैं।
आदित्य, 22, ने एक बार मुझसे कहा था:
"जब मैं किसी दोस्त से मिलता हूँ या कुछ बड़ा काम पूरा करता हूँ, तो भी मुझे ज़्यादा महसूस नहीं होता।
लेकिन इंस्टाग्राम पर एक छोटी सी टिप्पणी, और अचानक मुझे... देखा हुआ महसूस होता है।
यह अजीब है। यह डरावना है।"

यह सिर्फ एक भावना नहीं है।
यह विज्ञान है।
डॉ. अन्ना लेम्बके, डोपामाइन नेशन की लेखिका के अनुसार:
"जितनी ज़्यादा खुशी हम पीछा करते हैं, उतनी ही ज़्यादा पीड़ा हमें बाद में महसूस होती है।
क्योंकि दिमाग को संतुलन की ज़रूरत होती है।
यदि आप डोपामाइन को लगातार बढ़ाते हैं, तो यह आखिरकार क्रैश हो जाता है।"
यह संगीत को इतना तेज़ करने जैसा है
कि थोड़ी देर बाद, आपको वह सुनाई भी नहीं देता।
हमारे दिमाग के साथ यही हो रहा है।
नतीजा?
आप सुस्त महसूस करते हैं।

प्रेरणारहित।
असंबद्ध।
इसलिए नहीं कि आप में कुछ गड़बड़ है
बल्कि इसलिए कि आपका दिमाग धोखा दिए जाने से थक गया है।
यह डोपामाइन बर्नआउट है।
आप परवाह करना चाहते हैं। आप उत्साहित महसूस करना चाहते हैं।
लेकिन सब कुछ... सपाट लगता है।
यहाँ तक कि वे चीज़ें भी जो आपको पहले पसंद थीं।

रेणु, 29, पेंटिंग करती थी।
अब वह 10 मिनट के लिए भी स्थिर नहीं बैठ सकती।
वह पेंटिंग करते समय अपना फ़ोन चेक करती है।
फिर निराश हो जाती है कि वह ध्यान केंद्रित नहीं कर पाती।
"मैं आधे में ही छोड़ देती हूँ," उसने कहा।
"ऐसा लगता है जैसे मेरा ध्यान बस भाग जाता है।"

तो हम इसे कैसे ठीक करें?
सब कुछ छोड़ कर नहीं।
भाग कर नहीं।
बल्कि धीरे-धीरे अपने दिमाग को यह सिखाकर कि वास्तविक खुशी कैसी महसूस होती है।
यह आज़माएँ:

- 24 घंटे के लिए "डोपामाइन डिटॉक्स" पर जाएँ। कोई सोशल मीडिया नहीं, कोई स्ट्रीमिंग नहीं, कोई चीनी नहीं। बस रहें।

- धीमी खुशियों को पुनः प्राप्त करें। कुछ पकाएँ। मिट्टी को छुएँ। पानी महसूस करें।

- बिना तत्काल इनाम के कुछ कठिन करें। गहरी संतुष्टि शांति में पनपती है।
- गैर-डिजिटल जीतों का जश्न मनाएं। एक साफ कमरा। एक हाथ से लिखा हुआ नोट। एक गहरी साँस।
- उपभोग के बजाय निर्माण करें। चित्र बनाएं। गाएं। बनाएं। जर्नल करें। कुछ भी।

यह सज़ा के बारे में नहीं है।
यह पुनः संरेखण के बारे में है।
यह आपके दिमाग को यह याद दिलाने के बारे में है कि प्रामाणिक आनंद कैसा महसूस होता है।
वह प्रकार जो टिका रहता है।
वह प्रकार जो भरता है।
वह प्रकार जो ऐप बंद करते ही गायब नहीं होता।
आपको और उत्तेजना की ज़रूरत नहीं है।
आपको और उपस्थिति की ज़रूरत है।
क्योंकि खुशी आपकी सूचनाओं में नहीं रहती।
यह आप में रहती है।

सोशल मीडिया सर्वाइवल मोड

हम आराम के लिए सोशल मीडिया खोलते हैं
और अंदर से थोड़ा और टूट जाते हैं।
हम कनेक्शन की तलाश में लॉग इन करते हैं,
लेकिन लॉग आउट करते समय... अपर्याप्त महसूस करते हैं।
मीरा, 25, ने एक बार साझा किया:

"कभी-कभी मैं एक तस्वीर पोस्ट करती हूँ और उसे रीफ्रेश करती रहती हूँ,
इसलिए नहीं कि मुझे लाइक्स की परवाह है...
बल्कि इसलिए कि मुझे लगता है कि शायद, बस शायद,
कोई मुझे देखेगा।"
फ़िल्टर वाले संस्करण को नहीं।
क्यूरेटेड कैप्शन को नहीं।
बल्कि उसे।
यह घमंड नहीं है।
यह भेद्यता है।
हम सभी को देखा जाना चाहते हैं।
लेकिन सोशल मीडिया पर, देखे जाने को सत्यापित होने से भ्रमित कर दिया गया है।
जितने ज़्यादा लाइक्स का आप पीछा करते हैं,
उतना ही आपका आत्म-मूल्य आपके बाहर रहने लगता है।
और ईमानदार रहें,
आप किसी की परफेक्ट छुट्टी देखते हैं और अपने दिन की छुट्टी के बारे में बुरा महसूस करते हैं।

आप किसी का शरीर देखते हैं और अपने शरीर पर शक करने लगते हैं।

आप एक के बाद एक सफलता देखते हैं और सोचते हैं, "क्या मैं पीछे रह रहा हूँ?"

लेकिन यहाँ सच यह है:
आप अपने पर्दे के पीछे की चीज़ों की तुलना
किसी और की हाइलाइट रील से कर रहे हैं।
और यह सिर्फ अनुचित नहीं है।
यह अवास्तविक है।
रॉयल सोसाइटी फॉर पब्लिक हेल्थ की 2021 की रिपोर्ट में,

ज़्यादा सोशल मीडिया के उपयोग को सीधे तौर पर चिंता, अवसाद और अकेलेपन की उच्च दरों से जोड़ा गया,खासकर 35 साल से कम उम्र के लोगों में।
लेकिन हम इस बारे में बात नहीं करते।
क्योंकि सतह पर, हर कोई "ठीक" दिखता है।
हमने इतनी पॉलिश की हुई प्रोफाइल बनाई हैं
कि हम यह भूलने लगे हैं कि फ़िल्टर से पहले हम कौन थे।

आयुष, 28, ने 2 महीने के लिए इंस्टाग्राम डिलीट कर दिया।
"शुरुआत में, मुझे अदृश्य महसूस हुआ," उसने कहा।
"फिर एक दिन मैंने आईने में देखा और महसूस किया...
मैं खुद को फिर से देख रहा था।
किसी और की आँखों से नहीं। बस अपनी।"

यहां बताया गया है कि आप सर्वाइवल मोड से कैसे बाहर निकलें:
पोस्ट करने से पहले पूछें: "क्या मैं खुशी साझा कर रहा हूँ, या सत्यापन मांग रहा हूँ?"

उन लोगों को अनफॉलो करें जो आपको थकाते हैं। भले ही वे दोस्त हों।

स्क्रीन-फ्री समय निर्धारित करें। खासकर भोजन, सुबह और सोने से पहले।

इरादे से जुड़ें। विचारशील टिप्पणियां छोड़ें। सिर्फ स्क्रॉल न करें, जुड़ें।

ऑफलाइन फिर से जुड़ें। आँखों का संपर्क इमोजी से बेहतर है। हमेशा।

आपकी फ़ीड आप नहीं हैं।
आपके फॉलोअर की संख्या आप नहीं हैं।
आपकी प्रोफाइल पिक्चर आप नहीं हैं।

आप आप हैं।
और आपको योग्य होने के लिए कुछ भी साबित करने की ज़रूरत नहीं है।
सोशल मीडिया बुरा नहीं है।
लेकिन यह शक्तिशाली है।
इसका इस्तेमाल करें।
इसे अपना इस्तेमाल न करने दें।

एक पूर्ण जीवन के लिए व्यावहारिक बदलाव
आप यहाँ तक आ गए हैं।
आपने बर्नआउट महसूस किया है।
आपने शोर को पहचाना है।
आपने "व्यस्त लेकिन खाली" होने का भ्रम देखा है।
तो अब क्या?
यह हिस्सा बड़े परिवर्तनों के बारे में नहीं है।
यह छोटे, शक्तिशाली बदलावों के बारे में है जो आपको खुद पर लौटने में मदद करते हैं।
कोई हैक नहीं।
कोई सही शेड्यूल नहीं।
बस वास्तविक, करने योग्य, मानवीय विकल्प।

यहाँ 10 बदलाव दिए गए हैं जो आपको अधिक जीवंत, अधिक पूर्ण, अधिक आप महसूस करने में मदद करेंगे:

- अपनी सुबह बिना स्क्रीन के शुरू करें।
- अपने पहले विचार खुद के होने दें, इंटरनेट के नहीं।
- स्ट्रेच करें। साँस लें। बाहर देखें। अपनी आवाज़ को पहले आने दें।
- पाँच मिनट की अस्त-व्यस्त जर्नलिंग करें।
- संपादित न करें। ज़्यादा न सोचें।

- अपने विचारों को पृष्ठ पर फैलने दें। वहीं से स्पष्टता शुरू होती है।
- कुछ भी शेड्यूल न करें। बिल्कुल।
- अपने दिन में 30 मिनट बिना किसी उद्देश्य के ब्लॉक करें।
- बस रहें। आप आश्चर्यचकित होंगे कि स्थिरता में क्या प्रकट होता है।
- एक काम पूरे ध्यान से करें।
- स्क्रॉल किए बिना चाय पिएं। मल्टीटास्क किए बिना बात करें।
- वास्तविक उपस्थिति किसी भी डोपामाइन हिट से ज़्यादा संतोषजनक महसूस होती है।
- हर हाँ से पहले "क्यों?" पूछें।

व्यस्तता बिना सोचे-समझे किए गए समझौतों से बढ़ती है।
अपनी ऊर्जा को पवित्र मानें, क्योंकि यह है।

प्रकृति को आपको फिर से स्थापित करने दें।
घास पर नंगे पैर। धूप में चेहरा। शांति में हवा।
कोई भी ऐप आपके तंत्रिका तंत्र को वह नहीं दे सकता जो पृथ्वी देती है।

नियमित दिनचर्या नहीं, अनुष्ठान बनाएं।
जर्नलिंग से पहले एक मोमबत्ती जलाएं। सूर्यास्त के समय टहलें।
अनुष्ठान एक अराजक दुनिया में आपकी आत्मा को सहारा देते हैं।

अदृश्य जीतों का जश्न मनाएं।
आपने नहीं कहा जब आप आमतौर पर हाँ कहते हैं? यह मायने रखता है।
प्रतिक्रिया देने से पहले आपने विराम लिया? यह मायने रखता है।
आपने कुछ गहराई से महसूस किया? यह सोना है।

उपभोग से ज़्यादा सृजन करें।
लिखें। खाना बनाएं। स्केच करें। नाचें।

कुछ भी बनाना, कुछ भी, आपको खुद पर वापस लाता है।

माइक्रो-प्रेजेंस शक्तिशाली है।
सही शांति का पीछा न करें।
इसके बजाय, इस पल को 30 सेकंड का पूरा ध्यान दें।
फिर बाद में फिर से करें। और फिर से।

आपको अपनी पूरी ज़िंदगी ठीक करने की ज़रूरत नहीं है।
आपको बस इसे और ईमानदारी से जीना होगा,
पल-दर-पल।
क्योंकि उपचार एक बड़ी छलांग से शुरू नहीं होता।
यह एक विराम से शुरू होता है।

अध्याय 3: आधुनिक दुनिया में स्वतंत्रता का भ्रम

एक समय था जब स्वतंत्रता का अर्थ ताजी हवा, खुली सड़कें, हाथ से लिखे पत्र और बिना जल्दबाजी वाली सुबहें थीं। लोगों के पास विकल्प कम थे, लेकिन उपस्थिति ज़्यादा थी। जीवन धीमा चलता था, लेकिन किसी तरह ज़्यादा भरा हुआ महसूस होता था।
अब, स्वतंत्रता अलग दिखती है।
हम इसे अपनी जेबों में रखते हैं।
हम इसे रील्स में स्क्रॉल करते हैं।
हम इसे स्टेटस में अपडेट करते हैं।
हम इसे लाइक्स में तलाशते हैं।

बाहर से, ऐसा लगता है कि हम जीत गए हैं।
हम कुछ भी बोल सकते हैं, कभी भी पोस्ट कर सकते हैं, किसी को भी मैसेज कर सकते हैं।
हम लाइनों में इंतज़ार नहीं कर रहे हैं और न ही अनुमति मांग रहे हैं।
हम "स्वतंत्र" हैं।
दिल्ली का एक छात्र कनाडा में एक कोर्स कर सकता है।
इंदौर की एक गृहिणी सिंगापुर में एक खरीदार को हस्तनिर्मित शिल्प बेच सकती है।
बिहार का एक किशोर एक रील अपलोड कर सकता है और मिनटों में हजारों लोगों द्वारा देखा जा सकता है।
यह सशक्त महसूस होता है।

यह असीमित दिखता है।
यह स्वतंत्रता चिल्लाता है।
लेकिन चुपचाप, बहुत चुपचाप, स्क्रीन के पीछे कुछ और हो रहा है।

मैं आपसे कुछ पूछता हूँ।
पिछली बार आपने अपना फ़ोन कब उठाया था...
...सिर्फ एक मैसेज देखने के लिए, और 45 मिनट उन चीज़ों पर बर्बाद कर दिए जो आपको याद भी नहीं हैं?
...सिर्फ आराम करने के लिए, और अंत में ज़्यादा थका हुआ महसूस किया?
...सिर्फ जुड़ा हुआ महसूस करने के लिए, और अंत में ज़्यादा अकेला महसूस किया?
यह स्वतंत्रता नहीं है।
यह प्रोग्रामिंग है।

हमने यह जाल नहीं चुना।
हमने बस ध्यान नहीं दिया जब स्वतंत्रता एक प्रदर्शन बन गई।

जब पसंद लत बन गई।
जब वह डिवाइस जो हमारी सेवा करने के लिए था, हमें आकार देने लगा।
आप शायद इसे हर दिन महसूस न करें, क्योंकि जेल अदृश्य है।
और जंजीरें? वे शांत हैं।

हमारी आधुनिक दुनिया में एक अजीब तनाव है,
हम पहले से कहीं ज़्यादा शक्तिशाली हैं, और फिर भी... ज़्यादा बेचैन हैं।
हमारे पास पहले से कहीं ज़्यादा नियंत्रण है, और फिर भी... कम शांति है।
हम सामग्री से भरे हुए हैं, और फिर भी... अर्थ के लिए तरस रहे हैं।
यह अध्याय प्रौद्योगिकी को दोष देने के बारे में नहीं है।
यह कुछ गहरा, एक पैटर्न, एक कोहरा, हमारे सोचने और महसूस करने के तरीके का धीमा पुन: वायरिंग देखने के बारे में है।

यह पूछने के बारे में है:
क्या होगा अगर जिस स्वतंत्रता का हम पीछा कर रहे हैं... वह वास्तव में एक अच्छी तरह से सजाया हुआ पिंजरा है?

आगे के पन्नों में, मैं आपको लेक्चर नहीं दूँगा।
हम किशोरों, माताओं और कामकाजी पेशेवरों की कहानियों के माध्यम से एक साथ चलेंगे, जिन्होंने सोचा था कि वे "जुड़े हुए" थे, जब तक उन्हें यह एहसास नहीं हुआ कि वे खो गए हैं।
हम पता लगाएंगे कि इस डिजिटल स्वतंत्रता को कैसे डिज़ाइन किया गया था, संयोग से नहीं, बल्कि उन प्रणालियों द्वारा जो हमारे दिमाग को हमसे बेहतर समझते हैं।
हम इसे सरल, भावनात्मक, व्यावहारिक और वास्तविक रखेंगे।
क्योंकि आपके दिमाग को फिर से साँस लेने का हक है।
और अगर आप इसे पढ़ रहे हैं, तो शायद, बस शायद, आप रिमोट वापस लेने के लिए तैयार हैं।

यहाँ रुकें।
एक साँस लें।
और खुद से पूछें,
क्या मैं स्क्रीन का उपयोग कर रहा हूँ?
या...
क्या स्क्रीन मेरा उपयोग कर रही है?

नए युग की जेल कोठरी

आप जागते हैं। आपकी आँखें पूरी तरह से नहीं खुली होतीं, लेकिन आपका हाथ पहले ही फ़ोन की ओर बढ़ जाता है। नोटिफिकेशन्स छोटी रोशनी की तरह चमकती हैं,अपठित संदेश, न्यूज़ फ्लैश, एक मिस्ड कॉल, दो नई रील्स।

दांत ब्रश करने से पहले ही, आप उतनी जानकारी ले चुके होते हैं जितनी आपके दादा,दादी पूरी सुबह में भी नहीं लेते थे।
आप सोचते हैं, "यह सिर्फ एक आदत है।"
लेकिन मैं पूछना चाहता हूँ, "क्या यह है?"
आदतें वे चीजें हैं जिन्हें हम नियंत्रित करते हैं।
यह... हमें नियंत्रित करता है।
यह नए युग की जेल है।
इसमें कोई गार्ड नहीं, कोई दीवार नहीं, कोई लोहे की सलाखें नहीं हैं।
और फिर भी, यह लाखों लोगों को बंधक बनाए हुए है।

ऋतु से पूछो, दो बच्चों की कामकाजी माँ। वह अपने दिन ऑफिस के काम और घर को संतुलित करने में बिताती है, लेकिन जैसे ही वह पाँच मिनट के ब्रेक के लिए बैठती है, उसकी उंगलियाँ अपने आप इंस्टाग्राम खोल लेती हैं। वह सोचती है, बस एक रील। पच्चीस मिनट बाद, रात का खाना देरी से होता है, और वह अजीब तरह से बेचैन महसूस करती है, जैसे उसने अपनी आँखों को खिलाया, लेकिन अपनी आत्मा को भूखा रखा।

या आरव से पूछो, एक 17 साल का लड़का जिसे पहले स्केचिंग करना पसंद था। अब वह एक ड्राइंग पूरी नहीं कर पाता। हर 10 मिनट में, वह अपना फ़ोन चेक करता है। नोटिफिकेशन्स उसे "मांग में" महसूस कराती हैं। लेकिन जब वह अकेला होता है, तो वह खोया हुआ महसूस करता है, जैसे उसका अपना दिमाग बहुत शोरगुल वाला, बहुत धुंधला हो गया है।
वे दोनों सोचते हैं कि वे स्वतंत्र हैं, आखिर, किसी ने उन्हें मजबूर नहीं किया।
लेकिन यही खतरनाक हिस्सा है,
जब पिंजरा अदृश्य होता है, तो कैदी भागने की कोशिश भी नहीं करता।

हमारे डिवाइस उपकरण बनने के लिए थे, जैसे साइकिल या हथौड़ा।
लेकिन अन्य उपकरणों के विपरीत, वे जवाब देते हैं। वे इनाम देते हैं। वे प्रतिक्रिया करते हैं।

वे निष्क्रिय नहीं हैं। उन्हें आपको वापस लाने के लिए डिज़ाइन किया गया है।
क्यों?
क्योंकि ध्यान पैसा है।
और आपका दिमाग उत्पाद है।

आइए थोड़ी सी दिमागी विज्ञान की बात करें, बस इतना कि समझ में आ जाए।
हर बार जब आपको कोई लाइक, एक पिंग, एक मजेदार वीडियो मिलता है, तो आपके दिमाग को डोपामाइन, "फील,गुड" रसायन का एक हिट मिलता है।
यह वही रसायन है जो तब निकलता है जब आप चॉकलेट खाते हैं, प्यार में पड़ते हैं, या कोई खेल जीतते हैं।
लेकिन यहाँ पकड़ है:
आपका दिमाग उस डोपामाइन की उम्मीद करने लगता है, और बार,बार।
और जल्द ही, यह उसका पीछा करने लगता है, भले ही कुछ भी सार्थक न हो रहा हो।
तो आप स्क्रॉल करते रहते हैं, इसलिए नहीं कि यह अच्छा लगता है...
...बल्कि इसलिए कि स्क्रॉल न करना बुरा लगता है।
इसे इनाम लूप कहते हैं, और आप आलसी नहीं हैं।
आप लूप में फँस गए हैं।

मैं आपको एक आंकड़ा दिखाता हूँ जो इस जाल को चुपचाप दिखाता है:
2023 के एक वैश्विक अध्ययन में पाया गया कि औसत व्यक्ति दिन में 2,600 से अधिक बार अपने फ़ोन को टैप या स्वाइप करता है।
बस इस बारे में सोचिए।
यह संचार नहीं है।
यह रचनात्मकता नहीं है।
यह मजबूरी है।
और नहीं, यह सिर्फ सोशल मीडिया के बारे में नहीं है।
यहां तक कि "उत्पादक" ऐप्स, ईमेल, प्लानर, ऑनलाइन कोर्स भी, ध्यान खींचने के लिए बनाए गए हैं।

क्योंकि अगर वे आपको जल्दी से व्यस्त नहीं करते हैं, तो किसी और का ऐप करेगा।
अब युद्ध आपके पैसे के लिए नहीं है।
यह आपकी मानसिक जगह के लिए है।

तो, यदि आपको कभी ऐसा महसूस हुआ है कि:
आप बिना जाने क्यों लगातार अपना फ़ोन चेक कर रहे हैं
घंटों ऑनलाइन रहने के बाद आप थका हुआ महसूस करते हैं
आप 10 चीजें शुरू करते हैं लेकिन एक भी पूरी नहीं कर पाते
आप लोगों से घिरे हुए हैं, फिर भी गहराई से कटे हुए महसूस करते हैं

तो मुझे यह धीरे लेकिन स्पष्ट रूप से कहने दें:
यह आपकी गलती नहीं है। लेकिन यह आपकी लड़ाई है।
जिस दिमाग के साथ आप पैदा हुए थे वह अंतहीन इनपुट के लिए नहीं बना था।
यह स्थिरता, स्पष्टता, निर्माण और उपस्थिति के लिए बना था।
और वह दिमाग अभी भी आप में है, शोर की परतों के नीचे दबा हुआ है।
मुझे यहां रुकने दें।
अगले भाग में, हम और गहराई में जाएँगे, कि कैसे चुनाव का यह भ्रम हमें फँसाए रखता है, भले ही हम सोचते हैं कि हम "निर्णय" ले रहे हैं।
लेकिन अभी के लिए, खुद से ईमानदारी से पूछें,
क्या मैं वास्तव में स्वतंत्र हूँ? या बस अंतहीन रूप से विचलित?

भ्रम का दर्पण

डिजिटल दुनिया की सबसे शक्तिशाली चालों में से एक यह है कि यह हमें नियंत्रण में महसूस कराती है।
आप चुनते हैं कि कौन सा ऐप खोलना है।

आप चुनते हैं कि क्या पोस्ट करना है।
आप तय करते हैं कि क्या देखना है।
आप जब चाहें स्वाइप करते हैं, जब चाहें रुकते हैं।
यह स्वतंत्रता जैसा लगता है, है ना?
लेकिन एक पल के लिए रुकें, और करीब से देखें।
खुद से पूछें, क्या आप वास्तव में चुन रहे हैं?
या आप सिर्फ प्रतिक्रिया दे रहे हैं?

आइए आपको एक रोज़मर्रा के दृश्य से गुज़ारता हूँ।
एक युवा पेशेवर रचित अपना फ़ोन सिर्फ अपने मैनेजर का एक टेक्स्ट चेक करने के लिए खोलता है। इससे पहले कि वह कुछ समझ पाए, उसने चार YouTube शॉर्ट्स देख लिए हैं, तीन गैर,जरूरी संदेशों का जवाब दे दिया है, और एक शीर्षक पर क्लिक किया है जो उसे एक गपशप लेख तक ले जाता है।
वह खुद से कहता है, "मैं बस विचलित हो गया था।"
लेकिन यह विकर्षण नहीं है।
यह डिज़ाइन है।

हर ऐप एक दर्पण है, जो आपको स्वतंत्रता का एक संस्करण दिखा रहा है।
लेकिन शीशे के पीछे, कोई और डोरियाँ खींच रहा है।
स्वाइप आपका है, लेकिन उत्तेजना रोपी गई थी।
पसंद आपकी है, लेकिन इच्छा डिज़ाइन की गई थी।
आप स्वतंत्र महसूस करते हैं, लेकिन आपको खिलाया जा रहा है।
इसे हम स्वतंत्रता का भ्रम कहते हैं, जब नियंत्रण व्यक्तिगत लगता है, लेकिन ऐसा नहीं होता।

एक कॉलेज की लड़की ने एक बार मुझसे कहा, "मैं अपनी पढ़ाई पर ध्यान केंद्रित करने के लिए ऐप्स को अनइंस्टॉल करती रहती हूँ, लेकिन मैं अगले दिन

उन्हें फिर से इंस्टॉल कर लेती हूँ। मुझे यह महसूस करना बुरा लगता है, लेकिन मैं फिर भी वापस जाती हूँ।"
क्यों?
क्योंकि जिस इनाम लूप की हमने पहले बात की थी, डोपामाइन एक चुंबक की तरह काम करता है।
यह आपका ध्यान उन चीज़ों की ओर खींचता है जो आसान, त्वरित और आनंददायक लगती हैं, भले ही वे सार्थक न हों।
यहाँ आपको यह जानने की ज़रूरत है:
आपके दिमाग का सिर्फ मनोरंजन नहीं हो रहा है।
इसे प्रशिक्षित किया जा रहा है, ताकि यह लगातार इनपुट, त्वरित उत्तर, सतही राहत की तलाश करे।
और समय के साथ, आपकी अपनी गहरी आवाज़... फीकी पड़ने लगती है।
यही कारण है कि बहुत से लोग ऐसी बातें कहते हैं:
"मुझे नहीं पता कि मैं वास्तव में क्या चाहता हूँ।"

"मैं कोशिश करने पर भी ध्यान केंद्रित नहीं कर पाता।"

"मैं व्यस्त महसूस करता हूँ, लेकिन खाली।"

क्योंकि वे जागरूकता के साथ नहीं जी रहे हैं।
वे प्रोग्रामिंग के साथ प्रतिक्रिया दे रहे हैं।

आइए इसे दूसरे तरीके से देखें।
अगर मैं आपको अभी 10 सेकंड की शांति दूँ, तो क्या आपको शांति महसूस होगी?
या बेचैनी?
अगर यह बेचैनी है, तो भ्रम पहले ही हावी हो चुका है।
क्योंकि शांति स्वाभाविक महसूस होनी चाहिए।
लेकिन कई लोगों के लिए, यह सिस्टम में एक खराबी जैसा लगता है।

देखिए, स्वतंत्रता सिर्फ विकल्प होने के बारे में नहीं है।
यह उन विकल्पों को देखने की स्पष्टता रखने के बारे में है, और जो आपकी सेवा नहीं करता है उसे ना कहने के बारे में है।
अगले भाग में, हम पता लगाएंगे कि नियंत्रण का यह भ्रम धीरे,धीरे हमारी आंतरिक स्पष्टता को कैसे सुन्न करता है, और कैसे शोर ने हमारी प्राकृतिक बुद्धिमत्ता की जगह ले ली है।
लेकिन अभी के लिए, रुकें और चिंतन करें:
पिछली बार आपने कब वास्तव में सचेत डिजिटल निर्णय लिया था, ऊब से नहीं, बल्कि इरादे से?

"वह शोर जो सुन्न करता है"

शोर हमेशा ट्रैफिक, चिल्लाने या तेज़ संगीत जैसा नहीं होता।
कभी,कभी, शोर बहुत सारे विकल्पों के रूप में आता है।
बहुत सारे विचारों के रूप में।
बहुत ज़्यादा सामग्री के रूप में।
बहुत ज़्यादा अधूरे विचारों के रूप में।
यह मनोरंजन जैसा दिखता है, लेकिन कोहरे जैसा व्यवहार करता है।
यह आपके चारों ओर की हवा को भर देता है, लेकिन चुपचाप आपकी स्पष्टता चुरा लेता है।
इसे ऐसे समझें:
अगर आपका दिमाग एक झील होता, शांत और गहरा, तो लगातार स्क्रॉल, अपडेट और इनपुट उसमें एक के बाद एक फेंके जा रहे पत्थरों की तरह हैं।
इतने बड़े नहीं कि आपको डरा दें... लेकिन बस इतना कि पानी कभी शांत न हो पाए।
डिजिटल दुनिया यही करती है, यह हमेशा आपको हिंसक रूप से परेशान नहीं करती है।
यह बस आपको हर समय थोड़ा विचलित रखती है।

और हफ्तों, महीनों, सालों में, वह थोड़ा सा विकर्षण एक जीवन शैली बन जाता है।

मैं आपको एक कहानी सुनाता हूँ।
रमेश, पुणे में 45 साल के बैंकर, काम के बाद घर आते हैं और तुरंत YouTube खोलते हैं "बस आराम करने के लिए।" एक वीडियो दूसरे पर ले जाता है। आधे हँसते हुए, आधे खाली, वह एक घंटे से ज़्यादा समय मजेदार विफलताओं, प्रेरक क्लिप्स, न्यूज़ बाइट्स देखते हुए बिताते हैं, जिनमें से कोई भी उन्हें बाद में याद नहीं रहता।
उनकी बेटी पास से गुजरती है, उनका ध्यान खींचने की कोशिश करती है। वह अस्पष्ट रूप से सिर हिलाते हैं।
बाद में उस रात, वह कहते हैं, "मैं सोचने के लिए बहुत थका हुआ हूँ।"
लेकिन उन्होंने कुछ भी थकाने वाला नहीं किया है।
उन्होंने बस बहुत ज़्यादा शोर उपभोग किया है।
यह एक सूक्ष्म प्रकार की थकान है, जिसे हम माप नहीं सकते, लेकिन हम अपनी हड्डियों में महसूस करते हैं।
आपने दौड़ा नहीं। आपने बहस नहीं की। आपने कुछ बनाया नहीं।
लेकिन आप फिर भी थका हुआ महसूस करते हैं।
क्यों?
क्योंकि आपका दिमाग लगातार इनपुट पचा रहा है, दिमाग के लिए जंक फूड की तरह।
और जैसे आपका शरीर, आपका दिमाग भी बीमार हो जाता है जब आप उसे साँस लेने के लिए जगह नहीं देते।

आप शायद इसे महसूस न करें, लेकिन इस तरह का सुन्नपन आपके जीवन में दिखने लगता है:
आप चीज़ें ज़्यादा बार भूल जाते हैं

निर्णय लेना आपको ज़्यादा मुश्किल लगता है

आप "भरा हुआ" महसूस करते हैं लेकिन संतुष्ट नहीं

आप धीमे, वास्तविक पलों का आनंद लेना बंद कर देते हैं

आप अपनी जिज्ञासा खो देते हैं, क्योंकि सब कुछ शोर जैसा लगता है

यह अवसाद नहीं है। यह आलस्य नहीं है।
यह बस बिना प्रतिबिंब के अति,उत्तेजना है।
एक किशोर ने एक बार मुझसे कहा था, "मैंने लगातार 40 रील्स देखीं... लेकिन मुझे उनमें से 5 भी याद नहीं हैं।"
मैंने उससे पूछा, "तो तुम क्यों देखते रहते हो?"
उसने कहा, "क्योंकि रुकना और भी बुरा महसूस होता है।"
तभी मुझे समझ आया:
यह लत नहीं है। यह संज्ञाहरण है।
हम कुछ गहरा सुन्न कर रहे हैं, और हमें यह भी नहीं पता कि क्या।
अगले खंड में, हम देखेंगे कि यह लगातार शोर हमारे इनाम प्रणाली को कैसे प्रभावित करता है और हमारी खुशी को कैसे फिर से तार देता है, जिससे हम अधिक से अधिक तलाशते हैं, लेकिन कम से कम महसूस करते हैं।
लेकिन अभी के लिए, यहाँ एक सरल विचार है:
यदि चुप्पी डरावनी लगती है, तो ऐसा इसलिए है क्योंकि हम भूल गए हैं कि शांति कैसी लगती है।

जब उत्तेजना संतुष्टि की जगह लेती है

एक समय था जब बगीचे में टहलना, एक हाथ से लिखा पत्र, या किसी प्रियजन के साथ शाम की चाय पर्याप्त थी।
अब, 50 रीलों को देखने, एक श्रृंखला खत्म करने और तीन समूहों में चैट करने के बाद भी, कुछ कमी महसूस होती है।

ऐसा इसलिए नहीं है क्योंकि जीवन कम सार्थक हो गया है।
ऐसा इसलिए है क्योंकि हमारे दिमाग को उत्तेजना की लालसा के लिए फिर से प्रशिक्षित किया गया है, संतुष्टि की नहीं।
आइए यहाँ रुकें और पूछें:
क्या अंतर है?

उत्तेजना तेज़, चमकीली और अस्थायी होती है।
यह इंद्रियों को उत्तेजित करती है, लेकिन शायद ही कभी आत्मा को छूती है।
संतुष्टि धीमी होती है।
इसमें समय लगता है। यह शांत होती है। लेकिन यह आपको गहराई से भरती है।
मिट्टी से खेलता हुआ बच्चा संतुष्ट महसूस करता है।
अपने सोते हुए बच्चे को देखती माँ संतुष्ट महसूस करती है।
एक पेड़ के नीचे शांति में बैठे दो दोस्त संतुष्ट महसूस कर सकते हैं।
अब इसकी तुलना करें:
बिना हँसे देखी गई 30 रील्स

10 चैट्स का जवाब दिया गया, लेकिन भावनात्मक रूप से खाली महसूस करना

घंटों ऑनलाइन शॉपिंग करना, लेकिन अंदर से अभी भी बेचैन होना

यह आधुनिक पैटर्न है, उत्तेजना की बाढ़, लेकिन खुशी का सूखा।
मुझे समझा दें कि क्या हो रहा है, सरलता से।
हर बार जब आपका दिमाग कुछ नया प्राप्त करता है, एक नोटिफिकेशन, एक ध्वनि, एक चमकीला रंग, तो उसे डोपामाइन का एक छोटा सा हिट मिलता है।
यह अच्छा महसूस होता है।
लेकिन जितना अधिक बार आपको यह डोपामाइन मिलता है...

...उतना ही आपके दिमाग को कुछ भी महसूस करने के लिए इसकी ज़रूरत होती है।
तो जो चीज़ पहले संतोषजनक थी, जैसे किताब पढ़ना, या बस आराम करना, अब "बोरिंग" लगती है।
इसलिए नहीं कि यह बोरिंग है, बल्कि इसलिए कि आपकी इनाम प्रणाली अति,उत्तेजित है।
यह 10 चम्मच चीनी खाने और फिर एक फल चखने जैसा है, आपकी जीभ कुछ प्राकृतिक चीज़ का आनंद लेना भूल गई है।

यही कारण है कि लोग अक्सर कहते हैं:
"मैं स्थिर नहीं बैठ सकता।"

"मुझे अब पढ़ना पसंद नहीं आता।"

"अब मुझे कुछ भी उतना उत्साहित नहीं करता जितना पहले करता था।"

"मुझे नहाते या खाते समय भी संगीत की ज़रूरत होती है।"

ये कमजोरी के संकेत नहीं हैं।
ये अति,उत्तेजना के संकेत हैं।
यह आपकी गलती नहीं है, लेकिन अब यह आपकी जिम्मेदारी है।

मैं आपके साथ एक पल साझा करता हूँ।
एक स्कूल शिक्षिका, शालिनी, ने एक बार मुझसे कहा था:
"मैं अपनी सुबह की चाय शांति से पीती थी। अब, अगर मैं एक रील नहीं खोलती, तो मुझे लगता है कि कुछ कमी है। लेकिन उन्हें देखने के बाद, मुझे याद भी नहीं रहता कि मैंने क्या देखा। यह एक ऐसी आदत है जो मुझे कुछ नहीं देती।"
जो उसने वर्णित किया वह लाखों लोग अनुभव कर रहे हैं।

उच्च इनपुट और कम वापसी का एक लूप।
हम अगले "उच्च" का पीछा करते रहते हैं,एक और पोस्ट, एक और जवाब, एक और स्क्रॉल,
लेकिन आत्मा अछूती रहती है।
तो खुद से धीरे से पूछें:
पिछली बार कब किसी साधारण चीज़ ने आपको पूर्ण महसूस कराया था?
पिछली बार आपने कब किसी पल का आनंद उसे कैप्चर किए बिना, साझा किए बिना, या उसके दौरान अपना फ़ोन चेक किए बिना लिया था?
यह हिस्सा आपको दोषी महसूस कराने के लिए नहीं है।
यह आपको यह ध्यान दिलाने के लिए है, कि आपकी खुशी कब और कैसे बाहर निकलना शुरू हुई।
और एक बार जब आप रिसाव देख लेते हैं...
आप उसकी मरम्मत शुरू कर सकते हैं।

आपने पहले भी यह सुना होगा:
"दिमाग एक मांसपेशी की तरह है, यह उपयोग के साथ मज़बूत होता है।"
लेकिन यहाँ एक मोड़ है:
यह सिर्फ उपयोग के साथ मज़बूत नहीं होता।
यह उस प्रकार के उपयोग से आकार लेता है जो आप इसे देते हैं।
और आज की दुनिया में, हममें से ज़्यादातर लोग अपने दिमाग का उपयोग कर रहे हैं... स्क्रॉल करने, प्रतिक्रिया करने, तुलना करने, उपभोग करने और दोहराने के लिए।
वह पुनरावृत्ति हमें फिर से तार देती है।
आइए इसे सरल शब्दों में समझते हैं।
दिमाग न्यूरल पाथवे के माध्यम से काम करता है, विभिन्न क्षेत्रों के बीच बनी सड़कों की तरह। आप जितनी ज़्यादा सड़क पर चलते हैं, वह उतनी ही मज़बूत और तेज़ होती जाती है।
तो अगर आप अपने दिमाग को लगातार देते रहते हैं:
तेज़ी से बदलती छवियां

तत्काल जवाब
उच्च डोपामाइन इनपुट
सतही सोच
...यह उसमें उत्कृष्ट हो जाता है।
लेकिन यह धीमा होना, चिंतन करना, गहराई से महसूस करना भूल जाता है

यही कारण है कि लोग अक्सर कहते हैं:
"मैं पढ़ने पर ध्यान केंद्रित नहीं कर पाता।"

"मैं भूल जाता हूँ कि मैं क्या करने आया था।"

"मैं लगातार ज़ोन आउट होता रहता हूँ।"

"जब कुछ भी गलत नहीं होता तो भी मैं बेचैन महसूस करता हूँ।"

ये कमजोरी के संकेत नहीं हैं।
ये अति,उत्तेजना के संकेत हैं।
यहां एक तथ्य है जो आपको रुकने पर मजबूर कर देगा:
अध्ययनों से पता चलता है कि औसत मानवीय ध्यान अवधि 2000 में 12 सेकंड से घटकर आज लगभग 8 सेकंड हो गई है, जो एक सुनहरी मछली से भी कम है।
यह कोई मज़ाक नहीं है।
यह लगातार इनपुट की कीमत है।
जब आपका दिमाग हमेशा प्रसंस्करण कर रहा होता है, तो वह पचाना बंद कर देता है।
और बिना पाचन के, कोई गहराई नहीं, कोई याददाश्त नहीं, कोई स्पष्टता नहीं।
और भी है।
सोशल मीडिया का लगातार उपयोग, खासकर युवा वयस्कों में, इससे जुड़ा हुआ है:

- कम भावनात्मक विनियमन
- बढ़ी हुई चिंता और बेचैनी
- खराब नींद की गुणवत्ता
- अल्पकालिक स्मृति हानि
- ऊब के लिए कम सहिष्णुता

लेकिन सबसे डरावनी बात?
ये प्रभाव अचानक हमलों जैसे महसूस नहीं होते।
वे आपके नए सामान्य की तरह महसूस होते हैं।
आप सोचते हैं, "मैं अब ऐसा ही हूँ।"
लेकिन ऐसा नहीं है।
यह बस आपके दिमाग का व्यवहार है... क्योंकि उसे ऐसा करने के लिए प्रशिक्षित किया जा रहा है।
अब यहाँ अच्छी खबर है।
न्यूरोप्लास्टिकिटी, दिमाग की बदलने की क्षमता, अभी भी जीवित है।
आप ध्यान केंद्रित करने की क्षमता को फिर से बना सकते हैं।
आप शांति का आनंद लेना फिर से सीख सकते हैं।
आप स्पष्टता वापस ला सकते हैं।
लेकिन तभी जब आप नुकसान को पहचानें... और उसकी मरम्मत करना चुनें।
अगले खंड में, हम देखेंगे कि यह सब दैनिक जीवन में कैसे दिखता है, जिस तरह से हम प्यार करते हैं, काम करते हैं, खाते हैं, आराम करते हैं, और संबंध बनाते हैं।
क्योंकि दिमाग के बदलाव दिमाग में ही नहीं रहते।
वे आपके रिश्तों, आपके आत्मविश्वास, आपके समय में दिखते हैं।

डिजिटल "स्वतंत्रता" की व्यक्तिगत कीमत

हम अक्सर कहते हैं, "यह सिर्फ एक फ़ोन है,"
...लेकिन क्या यह है?
जब कोई चीज़ आपके सोचने के तरीके, महसूस करने के तरीके, प्यार करने के तरीके, सोने के तरीके और खुद को देखने के तरीके को आकार देने लगे, तो क्या यह अभी भी सिर्फ एक फ़ोन है?
आइए अब प्रौद्योगिकी को एक अवधारणा के रूप में बात न करें।
आइए आपकी बात करें। आपके दैनिक जीवन की। आपके रिश्तों की। आपके शरीर की। आपकी आत्मा की।
क्योंकि जो कीमत हम चुका रहे हैं... वह वित्तीय नहीं है। यह व्यक्तिगत है।

यह सोचो:
आप अपने बच्चे के साथ बैठे हैं। वह आपको कुछ बता रहा है,शायद एक दोस्त के बारे में, एक तितली के बारे में जो उसने देखी, या बस एक अजीब सपना।
आपका फ़ोन बजता है।
आप उसे चेक करते हैं, यह सिर्फ एक मीम या कोई फॉरवर्ड किया गया मैसेज है।
आप चुपचाप हँसते हैं, ऊपर देखते हैं...
लेकिन आपके बच्चे के साथ वह पल? वह पहले ही जा चुका है।
और वह पहले ही आगे बढ़ चुका है।
आपका इरादा उसे अनदेखा करने का नहीं था।
लेकिन आपका ध्यान, जो आपके पास सबसे पवित्र उपहार था, उस पल में आपका नहीं था।
और ऐसा होता रहता है। हर दिन। चुपचाप।

मुझे मीनल के बारे में बताता हूँ।
वह 34 साल की हैं, नागपुर में एक सरकारी क्लर्क हैं।
हर शाम काम के बाद, वह अपनी माँ के साथ चाय पीने बैठती थीं। कोई एजेंडा नहीं। बस धीमी बातें, साझा खामोशियाँ, कुछ हँसी।
लेकिन अब? वह स्क्रॉल करती हैं। उनकी माँ बात करती हैं। वह सिर हिलाती हैं, मुस्कुराती हैं, फिर से स्क्रॉल करती हैं।
और एक दिन, उनकी माँ ने बात करना बंद कर दिया।
गुस्से के कारण नहीं, बल्कि इसलिए कि उन्हें अनदेखा महसूस हुआ। अनसुना।
मीनल ने मुझसे कहा, "मुझे पता भी नहीं चला कि मैं कब पूरी तरह से उपस्थित होना बंद कर दी। मैं वहाँ थी... लेकिन वास्तव में वहाँ नहीं थी।"
यही कीमत है।

डिजिटल स्वतंत्रता हमें बताती है: "आप हर जगह, हर किसी के साथ, हर समय हो सकते हैं।"
लेकिन सच्चाई यह है:
आप कहीं नहीं, किसी के साथ नहीं, यहाँ तक कि खुद के साथ भी नहीं होते।
और यह सिर्फ रिश्तों की बात नहीं है। यह आपके अपने दिमाग की भी है।
आप अकेले बैठते हैं और चुप्पी को भरने की ज़रूरत महसूस करते हैं।
आप बिस्तर पर लेटे होते हैं और बिना जाने क्यों चिंतित महसूस करते हैं।
आप "आराम" करने के लिए ब्रेक लेते हैं, लेकिन पहले से ज़्यादा थके हुए लौटते हैं।
आप ऑनलाइन किसी चीज़ पर हँसते हैं, लेकिन अंदर से खाली महसूस करते हैं।
यह नाटक नहीं है।
यह किसी पवित्र चीज़ का शांत क्षरण है: आपकी आंतरिक स्थिरता।

आप पूछ सकते हैं, "लेकिन मैं क्या कर सकता हूँ? मैं सब कुछ नहीं छोड़ सकता।"
और आप सही हैं।

यह अध्याय आपसे अपना फ़ोन फेंकने या अपने सभी ऐप्स हटाने के लिए नहीं कह रहा है।
यह आपको रुकने के लिए आमंत्रित कर रहा है...
...और यह देखने के लिए कि आप सुविधा, गति और लगातार कनेक्शन के बदले में क्या खो रहे हैं।
क्योंकि यहाँ वह सच है जो कोई हमें नहीं बताता:
हर बार जब आप सुनने के बजाय अपना फ़ोन चेक करते हैं, तो आप जुड़ाव को विकर्षण से बदलते हैं।
हर बार जब आप खुद के साथ बैठने के बजाय स्क्रॉल करते हैं, तो आप चिंतन को शोर से बदलते हैं।
हर बार जब आप खुद को जवाब देने से पहले दुनिया को जवाब देते हैं, तो आप अपनी उपस्थिति का एक टुकड़ा खो देते हैं।
छोटे,छोटे सौदे।
हर दिन किए गए।
जब तक एक दिन, आप यह भूल जाते हैं कि बस होना कैसा लगता था।
अगले खंड में, हम पता लगाएंगे कि यह सब सबसे छोटे पलों में भी कैसे दिखता है,लाल बत्ती पर इंतज़ार करना, कतार में खड़े होना, कमरे में अकेले बैठना।
क्योंकि वहीं अदृश्य जंजीरें सबसे ज़्यादा कसती हैं।
एक साँस लें।

रोज़मर्रा की ज़िंदगी में अदृश्य जंजीरें

सभी जेलों में दीवारें नहीं होतीं।
कुछ आदतों से बनी होती हैं।
छोटी,छोटी मजबूरियों से।
उन चीज़ों से जो हम इतनी बार करते हैं कि उन्हें सवाल करना भूल जाते हैं।
और यह नई डिजिटल गुलामी?

यह नाटकीय घटनाओं में नहीं, बल्कि छोटे, शांत, रोज़मर्रा के पलों में रहती है।
मुझे आपको दिखाता हूँ कैसे।
आप फार्मेसी में लाइन में खड़े हैं।
आपने अभी अपना बटुआ निकाला है... लेकिन इंतज़ार आपकी अपेक्षा से 3 मिनट ज़्यादा है।
आप क्या करते हैं?
संभावना है कि आपका हाथ पहले ही आपकी जेब में है, आपका फ़ोन अनलॉक कर रहा है।
इसलिए नहीं कि कुछ ज़रूरी है।
बस इसलिए कि... चुप्पी खुजली जैसी लगती है।
आप एक ऐप खोलते हैं। थोड़ा स्क्रॉल करते हैं।
शायद आप किसी बात पर हँसते हैं। शायद नहीं।
और फिर, लाइन चलती है, और आप उसके साथ चलते हैं।
लेकिन वे 3 मिनट? वे चले गए, सिर्फ समय में नहीं, बल्कि उपस्थिति में।
अब इसे गुणा करें:
हर बार जब आप लाल बत्ती पर इंतज़ार करते हैं

हर बार जब आप लिफ्ट में खड़े होते हैं

हर बार जब आप कैफे में अकेले बैठते हैं

हर बार जब आपका साथी एक पल के लिए चुप हो जाता है

हर बार जब आप वॉशरूम जाते हैं (हाँ, वहाँ भी)

ये दर्जनों छोटी खिड़कियां हैं, जहाँ कभी आपका मन आराम करता था, या भटकता था, या कल्पना करता था, अब स्क्रीन द्वारा चुरा ली गई हैं।
मैं एक युवा छात्रा कृतिका से मिला।

उसने मुझसे कहा, "मुझे कुछ अजीब लगा। जब मैं उन लोगों के साथ कमरे में होती हूँ जिनसे मैं प्यार करती हूँ, तब भी मैं अपना फ़ोन चेक करती हूँ। इसलिए नहीं कि मैं बोर हो रही हूँ, बल्कि इसलिए कि... जैसे मेरी उंगलियां अपने आप चलती हैं।"
वह असभ्य नहीं थी।
वह लापरवाह नहीं थी।
वह अनुकूलित हो रही थी।
यही इन जंजीरों को अदृश्य बनाता है।
वे खींचते नहीं।
वे मनाते हैं।
वे हमें बंद नहीं करते।
वे बाहरी दुनिया को कम महत्वपूर्ण महसूस कराते हैं।
और धीरे,धीरे... वे आपके मूल्यों को बदल देते हैं।
आपकी प्रतिक्रियाओं को।
आपकी समझ को कि किस पर ध्यान देना योग्य है।
आपके सबसे गहरे हिस्से भी झुकने लगते हैं।
आप सुबह अपनी मेज पर रोशनी के गिरने के तरीके पर ध्यान देना बंद कर देते हैं।
आप उन लंबी बातचीत का आनंद लेना बंद कर देते हैं जो कहीं नहीं ले जातीं।
आप अपने दिमाग को खाली छोड़ना बंद कर देते हैं, क्योंकि अब, खालीपन डरावना लगता है।
लेकिन खालीपन वह जगह है जहाँ रचनात्मकता रहती है।
यह वह जगह है जहाँ अंतर्दृष्टि आती है।
यह वह जगह है जहाँ आप खुद पर लौटते हैं।

आइए हम खुद को ज़्यादा दोष न दें।
हमें इन छोटे पलों की रक्षा करना कभी सिखाया नहीं गया।
लेकिन ये वे दरारें हैं जहाँ आत्मा साँस लेती है।
यहाँ कुछ सरल है जिसे आप आज़मा सकते हैं:

अगली बार जब आप इंतज़ार कर रहे हों, तो इंतज़ार करें।

अगली बार जब आपको चेक करने की इच्छा महसूस हो, तो इसके बजाय साँस लें।

अगली बार जब आप अकेले हों, तो पूरी तरह से अकेले रहें, बिना स्क्रीन के।

शुरुआत में अजीब लगेगा।
आपका दिमाग चिल्लाएगा, "कुछ करो!"
लेकिन इसके साथ रहें।
वह चिल्लाना?
वह आप नहीं हैं।
वह आदत टूट रही है।
अगले खंड में, हम जागरूकता से कार्रवाई की ओर बढ़ेंगे, कि कैसे वास्तव में भ्रम को तोड़ना शुरू करें और बिना अपराधबोध या नाटक के अपना ध्यान वापस पाएं।
क्योंकि जंजीरों को जानना पर्याप्त नहीं है।
आपको धीरे,धीरे उन्हें ढीला करना होगा।

भ्रम को कैसे तोड़ें

आप अब तक इतना पढ़ चुके हैं कि आप जानते हैं, यह सिर्फ स्क्रीन के बारे में नहीं है।
यह जागरूकता के बारे में है।
यह स्वतंत्रता के बारे में है, वास्तविक प्रकार की।
वह प्रकार जो आपको मजबूरी से नहीं, बल्कि इरादे से जीने देता है।
तो सवाल यह है, हम भ्रम को कैसे तोड़ते हैं?
क्या हम अपने फ़ोन फेंक दें?

अपने सभी ऐप्स हटा दें?
वाई,फाई के बिना किसी गाँव में चले जाएँ?
नहीं।
यह अस्वीकृति के बारे में नहीं है।
यह पुनः प्राप्त करने के बारे में है।
क्योंकि समस्या उपकरण नहीं है, यह वह तरीका है जिससे हम इसका उपयोग कर रहे हैं, या बल्कि, इसे हमारा उपयोग करने दे रहे हैं।

चरण 1: क्लिक करने से पहले रुकें

यह सरल है।
हर बार जब आपका हाथ आपके फ़ोन की ओर बढ़ता है, तो एक सवाल पूछें: "मैं ऐसा क्यों कर रहा हूँ?"
क्या यह ऊब है?
क्या यह चिंता है?
क्या यह आदत है?
अपनी मंशा को केवल नोटिस करने से एक गैप बनता है, और उस गैप में, आप शक्ति वापस लेते हैं।
वह विराम छोटा नहीं है।
यह दीवार में पहली दरार है।

चरण 2: एक पवित्र घंटे की रक्षा करें

दिन का एक घंटा चुनें, सुबह, शाम, दोपहर का भोजन, और उसे स्क्रीन,फ्री रखें।
खुद को दंडित करने के लिए नहीं।
बल्कि यह याद रखने के लिए कि बिना फ़िल्टर के बस जीवित रहना कैसा लगता है।
उस घंटे में, कुछ भी असाधारण न करें।

चलें। साँस लें। बात करें। लिखें। पौधों को पानी दें। स्वाइप किए बिना चाय पिएं।
अपने दिमाग को भटकने दें।
आप आश्चर्यचकित होंगे कि चुप्पी से क्या निकलता है।

चरण 3: डिफ़ॉल्ट सेटिंग्स बदलें

हमारे डिवाइस हमारा समय चुराने के लिए डिज़ाइन किए गए हैं।
आप वापस लड़ सकते हैं, धीरे से।
गैर,ज़रूरी नोटिफिकेशन्स बंद करें।
आदत लगाने वाले ऐप्स को कम दृश्यमान जगह पर ले जाएँ।
विशेष घंटों के लिए डाउनटाइम या फ़ोकस मोड सेट करें।
अपने फ़ोन अलार्म के बजाय एक वास्तविक घड़ी का उपयोग करें।
ये कठोर नियम नहीं हैं।
ये अनुस्मारक हैं, कि आप तय करते हैं कि आपके दिमाग में क्या प्रवेश करता है।

चरण 4: वास्तविक पुरस्कारों को फिर से बनाएँ

आपके दिमाग को सस्ते डोपामाइन की तलाश करने के लिए प्रशिक्षित किया गया है।
अब समय आ गया है कि उसे दिखाएँ कि वास्तविक संतुष्टि फिर से कैसी महसूस होती है।
प्रयास करें:
किसी भी पॉडकास्ट या संगीत के बिना एक लंबी सैर पूरी करना।
एक बार में एक काम पूरा करना, पूरे ध्यान के साथ।
अपने हाथों से कुछ पकाना।
तीन अन्य लोगों को टेक्स्ट किए बिना किसी के साथ हँसना।
वास्तविक पुरस्कार धीमे होते हैं...
...लेकिन वे आपके साथ ज़्यादा देर तक रहते हैं।

चरण 5: खुद को अक्सर माफ़ करें

यह कोई युद्ध नहीं है।
यह एक उपचार है।
आप वापस स्क्रॉल करने लगेंगे।
आप भूल जाएँगे।
आपके ऐसे दिन होंगे जहाँ जागरूकता फिसल जाएगी।
और वह ठीक है।
क्योंकि लक्ष्य परिपक्वता नहीं है।
यह उपस्थिति है।
हर बार जब आप याद करते हैं, आप फिर से शुरू करते हैं।
और याद रखें, यह सिर्फ डिजिटल डिटॉक्स के बारे में नहीं है।
यह याद रखने के बारे में है कि आपका जीवन डेटा, लाइक्स, लूप्स और गति से कहीं ज़्यादा है।
आप एक उत्पाद नहीं हैं।
आप एक इंसान हैं।
आप गहराई, स्पष्टता और आराम के हकदार हैं।

अब जब आप भ्रम को जानते हैं, और उसकी पकड़ को ढीला करना जानते हैं, तो आइए भावनात्मक बुलेट पॉइंट्स के साथ सब कुछ स्पष्ट करें,चिंतन जिन्हें आप बार,बार देख सकते हैं।

भावनात्मक बुलेट पॉइंट्स

- वास्तविक स्वतंत्रता विकल्पों के बारे में नहीं है, यह जानने के बारे में है कि कब ना कहना है।
- जागरूकता के बिना डिजिटल स्वतंत्रता मनोवैज्ञानिक गुलामी बन जाती है।

- हर स्वाइप भले ही हानिरहित लगे, लेकिन समय के साथ, यह आपके ध्यान, उपस्थिति और शांति को खत्म कर देता है।
  ध्यान असीमित नहीं है। यह पवित्र है।

- आप अपने फ़ोन के आदी नहीं हैं। आप असुविधा से बचने के आदी हैं।
- शांति डरावनी नहीं है, यह अपरिचित है। इसके साथ बैठना सीखें।

- आप आलसी नहीं हैं, आप अति,उत्तेजित हैं।
- एक विचलित दिमाग टूटा हुआ नहीं है। यह बस थका हुआ है।
- सिर्फ इसलिए कि कुछ सामान्य है, इसका मतलब यह नहीं कि यह स्वस्थ है।
- हो सकता है हर कोई स्क्रॉल कर रहा हो, लेकिन हर कोई जी नहीं रहा है।
- आप अपने दिमाग को अधिक सामग्री खिलाकर ठीक नहीं कर सकते।
- कभी, कभी, उपचार एक विराम से शुरू होता है... पॉडकास्ट से नहीं।
- दिन में 100 बार अपना फ़ोन चेक करना जुड़ाव नहीं है यह अनुकूलन है।
  सच्चा जुड़ाव भीतर से शुरू होता है।

ऐप बुरा नहीं है, उसका अचेतन उपयोग बुरा है।
प्रौद्योगिकी एक उपकरण है। आप स्वामी हैं, यदि आपको याद हो।

आपकी चुप्पी जितनी गहरी होगी, आपका संकेत उतना ही स्पष्ट होगा।
स्थिरता का मतलब कुछ न करना नहीं है, इसका मतलब सब कुछ महसूस करना है।

आपको दुनिया को छोड़ने की ज़रूरत नहीं है। आपको बस खुद पर घर लौटना है।
आपकी साँस। आपके विचार। आपके अनछुए पल।
वहीं से जीवन फिर से शुरू होता है।

ये पंक्तियाँ सिर्फ सारांश नहीं हैं। वे लंगर हैं।
ऐसे शब्द हैं जिन पर आप वापस लौट सकते हैं जब शोर फिर से तेज़ हो जाए।

वास्तविक स्वतंत्रता को पुनः प्राप्त करना
स्वतंत्रता को कभी इतना शोरगुल वाला महसूस नहीं करना चाहिए था।
यह कभी गति, या लाइक्स, या "देखे जाने" के बारे में नहीं थी।
यह बिना किसी रुकावट के अपनी आंतरिक आवाज़ सुनने की क्षमता के बारे में थी।
जागने और स्वामित्व महसूस न करने के बारे में।
पहुँचे बिना आराम करने के बारे में।
प्रदर्शन किए बिना जीने के बारे में।
वह स्वतंत्रता गायब नहीं हुई है।
यह बस अपडेट और अपेक्षाओं के नीचे दब गई है।
लेकिन अच्छी खबर?
आप इसे पुनः प्राप्त कर सकते हैं।
बड़े घोषणाओं से नहीं।
पहाड़ों पर भाग कर नहीं।
बल्कि उन छोटे, शांत, शक्तिशाली विकल्पों से जो आप हर दिन करते हैं।
एक साँस से शुरू करें।
एक पूरी, धीमी, सचेत साँस, जिसके बाद कोई नोटिफिकेशन न हो।
अपने कंधों को नीचे गिरने दें।
अपनी जबड़े को ढीला करें।
अपने दिमाग को अपने शरीर पर लौटने दें, जहाँ वह संबंधित है।

यह आपका रीसेट है।
यह आपकी घर वापसी है।
आपको अपना फ़ोन उपयोग करना बंद करने की ज़रूरत नहीं है।
लेकिन आप इसे अपना उपयोग करने से रोक सकते हैं।
आपको अपने खाते हटाने की ज़रूरत नहीं है।
लेकिन आप उन चीज़ों को अनफॉलो कर सकते हैं जो आपको थकाती हैं, और उन चीज़ों को फॉलो कर सकते हैं जो आपको खुद पर वापस लाती हैं।
आपको एक भिक्षु बनने की ज़रूरत नहीं है।
लेकिन आप माइंडफुल बन सकते हैं।
और उस माइंडफुलनेस से...
स्पष्टता आती है।
शांति आती है।
वास्तविक पसंद आती है।
क्योंकि गुलामी का विपरीत विद्रोह नहीं है।
यह जागरूकता है।
हर बार जब आप शांति में बैठते हैं, तो आप अपनी शक्ति को पुनः प्राप्त कर रहे होते हैं।
हर बार जब आप बिना पहुँचे आराम करना चुनते हैं, तो आप अपने तंत्रिका तंत्र को ठीक कर रहे होते हैं।
हर बार जब आप कहते हैं "मुझे अभी इसकी ज़रूरत नहीं है" तो आप अपने दिमाग से कह रहे होते हैं, "आप सुरक्षित हैं।"
वह... स्वतंत्रता है।
वह प्रकार जो कोई स्क्रीन आपको नहीं दे सकती, और कोई एल्गोरिदम छीन नहीं सकता।
तो, आज रात, सोने से पहले, कुछ कोशिश करें।
स्क्रॉल न करें।
देखें नहीं।
तुलना न करें।
बस बैठें।

भले ही यह सिर्फ पाँच मिनट के लिए हो।
अपने विचारों को देखें।
अपनी साँस महसूस करें।
शोर को शांत होने दें।
और अगर आप असहज महसूस करते हैं,
बधाई हो।
आपने अपने पिंजरे का किनारा पा लिया है।
अब...
उसके पार कदम रखें।

अध्याय 4: "मेरे पास समय नहीं है" का मिथक

एक पल का एहसास

एक क्षण आता है, शांत, लगभग भुला देने वाला, जब भ्रम टूटता है।
शायद यह एक रविवार की शाम है, जब आपका फ़ोन बंद हो जाता है और आप आखिरकार ऊपर देखते हैं, तो पाते हैं कि सूरज ढल चुका है और पूरा दिन बीत चुका है... और आपको याद भी नहीं कि आपने क्या किया।
या शायद यह देर रात है, जब आप बिस्तर पर लेटे हैं, स्क्रॉल करने से आँखें सूखी हैं, दिमाग शोर से गूँज रहा है, और आपके सीने में एक अजीब सा खालीपन फैल जाता है, उदासी नहीं, तनाव नहीं, बस... अलगाव।
वह क्षण चीखता नहीं है।
वह फुसफुसाता है।
और अगर आप पर्याप्त शांत हैं, तो आप उसे कहते हुए सुनेंगे:
“आपके पास समय की कमी नहीं है।
आप संरेखण से बाहर हैं।”
हम सोचते हैं कि हमारे घंटे कम पड़ रहे हैं।
लेकिन सच में, हम भाग रहे हैं, चुप्पी से, उद्देश्य से, गहरे सवाल से:
“क्या मैं अपना जीवन खर्च कर रहा हूँ...
या बस उसे भर रहा हूँ?”
यहीं से इस अध्याय की शुरुआत होती है,
घड़ियों या कैलेंडर से नहीं,

बल्कि साहस से,
अपने पसंदीदा बहाने के पीछे की सच्चाई का सामना करने का साहस:
"मेरे पास समय नहीं है।"

"हम क्यों भागते रहते हैं... जबकि हमें देर नहीं हो रही होती"

हम लगभग हर दिन यह कहते हैं।
"मेरे पास समय नहीं है।"
यह इतनी आसानी से जुबान से निकल जाता है, जैसे एक सार्वभौमिक सत्य, एक वैध बहाना, एक ढाल जिस पर कोई सवाल करने की हिम्मत नहीं करता।
पढ़ने का समय नहीं।
आराम करने का समय नहीं।
सपनों पर काम करने का समय नहीं।
किसी दोस्त को वापस बुलाने का समय नहीं।
बस... साँस लेने का समय नहीं।
लेकिन मुझे धीरे से आपसे कुछ पूछने दें।
क्या यह वास्तव में समय के बारे में है?
या यह इस बारे में है कि हम इसका उपयोग कैसे कर रहे हैं या बिना ध्यान दिए इसे खो रहे हैं?
क्योंकि सच्चाई यह है कि हर व्यक्ति, अमीर हो या गरीब, युवा हो या बूढ़ा, व्यस्त हो या खाली, उसे दिन में वही 24 घंटे मिलते हैं। समय भेदभाव नहीं करता। यह किसी का पक्ष नहीं लेता। यह सभी के लिए एक ही गति से चलता है।
और फिर भी, कुछ लोग ज़्यादा करते दिखते हैं, बेहतर महसूस करते हैं, ज़्यादा गहराई से जीते हैं।
जबकि अन्य, पूरे दिन भागने के बावजूद, ऐसा महसूस करते हैं जैसे वे पीछे छूट रहे हैं, बिखरे हुए, थके हुए, असंतुष्ट।

क्यों?
क्योंकि मिथक यह नहीं है कि हमारे पास समय नहीं है।
मिथक यह है कि समय समस्या है ।
वास्तविक मुद्दा ध्यान है। जागरूकता है। चुनाव है।

मुझे आपको कुछ दिखाता हूँ।
आर्यन नाम के एक कॉलेज छात्र ने एक बार कहा था, “मुझे ठीक से पढ़ने का समय नहीं मिलता।”
जब हमने धीरे से उसके फ़ोन के स्क्रीन टाइम को ट्रैक किया, तो वह दिन में 5 घंटे था, जिसमें से ज़्यादातर रीलों, मीम्स और देर रात के स्क्रॉलिंग पर खर्च होता था। जब उसने रिपोर्ट देखी, तो वह घबराकर हँसा और बोला, “मुझे एहसास भी नहीं हुआ...”
और यही मुख्य शब्द है: “एहसास ।”
यह आलस्य नहीं है। यह मूर्खता नहीं है। यह अनुशासन की कमी भी नहीं है। यह बस अज्ञानता है।
आपका समय खत्म नहीं हो रहा है।
आप बस इसे दूर दे रहे हैं, एक स्क्रॉल, एक चेक, एक बिंग वॉच, एक "बस दो मिनट के लिए" एक समय में।
जरा सोचिए:
हम अपना फ़ोन “बस एक मैसेज देखने के लिए” खोलते हैं, और 45 मिनट गायब हो जाते हैं।

हम आराम करने बैठते हैं, और सामग्री के सागर में डूब जाते हैं जो वास्तव में हमें ताज़ा नहीं करता।

हम इसे आराम कहते हैं, लेकिन अंत में ज़्यादा थके हुए, ज़्यादा धुंधले, ज़्यादा बेचैन हो जाते हैं।

यह समय संकट नहीं है।

यह ध्यान संकट है।
आप कहते हैं, “मेरे पास समय नहीं है।”
लेकिन सच में, आपके समय ने आपको पा लिया है।
यह आपका मालिक है। यह आपको चलाता है। यह आपको बिखेर देता है, और आपको पता भी नहीं चलता।
और सबसे बुरा हिस्सा?
आप यह मानने लगते हैं कि यह सामान्य है, कि जीवन इतना ही भागदौड़ भरा, इतना ही अराजक, इतना ही भारी होना चाहिए।
लेकिन यह सच नहीं है।
यह भ्रम है।
यह मिथक है।

इस अध्याय में, हम सिर्फ समय के बारे में बात नहीं करेंगे।
हम इसे समझेंगे, कि यह चुपचाप कैसे चुराया जाता है, इसे स्पष्ट रूप से कैसे देखें, और बिना अपराधबोध के इसे कैसे वापस लें।
हम पता लगाएंगे:
हम व्यस्तता को उत्पादकता के साथ क्यों भ्रमित करते हैं।
लगातार इनपुट के तहत आपका दिमाग क्या करता है।
एक त्वरित समय ऑडिट कैसे करें।
जागरूकता के साथ उपयोग किए जाने पर 30 मिनट वास्तव में क्या बना सकते हैं।
और एक दिन को कैसे फिर से बनाएँ जो आपकी आत्मा को पोषण दे, न कि सिर्फ आपकी स्क्रीन को।

यह एक व्याख्यान नहीं होगा।
यह एक बातचीत होगी, आपके और आपके उस हिस्से के बीच जो भागदौड़ से थक चुका है लेकिन धीमा होने से बहुत डरता है।
तो एक साँस लें।
लंबी नहीं।

बस एक पूरी, वास्तविक साँस।
और खुद से पूछें:
क्या वास्तव में आपके पास समय की कमी है?
या उपस्थिति की?
या अपने समय का अलग तरह से उपयोग करने की अनुमति की?

अदृश्य रिसाव जो आपके दिन को ख़त्म कर देते हैं

पुराने भारतीय घरों में एक कहावत है: "बड़ी छेद से पानी नहीं जाता, लेकिन एक एक बूँद से मटका खाली हो जाता है।"
(समय एक साथ गायब नहीं होता। यह रिसता है, एक-एक अनजाने पल में।)
और ठीक यही हमारे साथ हो रहा है।
हम बड़े, स्पष्ट तरीकों से समय बर्बाद नहीं कर रहे हैं।
हम इसे रिसाव कर रहे हैं, अदृश्य दरारों के माध्यम से।
हमें इसका एहसास भी नहीं होता... जब तक दिन के अंत में हमें पछतावा नहीं होता।

तो आपका समय वास्तव में कहाँ जाता है?
आइए इसे धीरे से तोड़ते हैं, ईमानदारी से, बिना अपराधबोध के।
आप अपना फ़ोन "बस कुछ चेक करने के लिए" खोलते हैं।
इससे पहले कि आपको एहसास हो, 25 मिनट गायब हो जाते हैं।
आप खाने बैठते हैं, चबाते हुए एक वीडियो देखने की सोच रहे होते हैं।
आप खाना खत्म करते हैं, और वीडियो भी, लेकिन फिर एक और, फिर एक और शुरू करते हैं। 40 मिनट गायब।
आप कहते हैं, "मैं बस एक छोटा ब्रेक ले रहा हूँ।"
लेकिन आपकी उंगलियां फिर से स्क्रॉल के जाल में फंस जाती हैं। 90 मिनट खो गए।

उस पल में यह खतरनाक महसूस नहीं होता।
लेकिन इसे दिनों... हफ्तों... महीनों से गुणा करें... और आपको शांत नुकसान दिखाई देगा।

आइए एक साधारण संख्या देखें:
औसत भारतीय प्रतिदिन 3 से 5 घंटे स्क्रीन-आधारित मनोरंजन (काम/स्कूल को छोड़कर) पर खर्च करता है।
यहां तक कि 3.5 घंटे प्रतिदिन भी,
यह प्रति सप्ताह 24.5 घंटे है
यह प्रति माह 100 घंटे से अधिक है
यह प्रति वर्ष 1,200+ घंटे है
इस बात को गहराई से समझें:
आप प्रति वर्ष 50 से अधिक पूरे दिन ऐसी चीजें देखने में बिता रहे हैं जो आप ज्यादातर मिनटों में भूल जाते हैं।
अब खुद से पूछें:
क्या वास्तव में आपके पास समय नहीं है?
या ऐसा है कि आप इसे टुकड़ों में दे रहे हैं, बिना ध्यान दिए भी?
यह सिर्फ फ़ोन के बारे में नहीं है।
कभी-कभी यह ज़्यादा सोचने के बारे में होता है।
कभी-कभी यह उन चीजों को "हाँ" कहने के बारे में होता है जिनका हम मतलब नहीं रखते।
कभी-कभी यह महत्वपूर्ण नहीं होने वाले ज़रूरी कार्यों को करने के बारे में होता है।
लेकिन समय का सबसे बड़ा चोर?
अचेतन पुनरावृत्ति ।

मुझे आपको एक वास्तविक जीवन का पल बताता हूँ।
जयपुर की एक शिक्षिका रोहिणी ने मुझे यह बताया:

"मैं उठकर व्हाट्सएप पर स्कूल अपडेट चेक करती थी। लेकिन फिर मैं रोज़ 30-40 मिनट तक कुकिंग रील्स देखने में लग जाती थी, जबकि नाश्ता जल्दी-जल्दी करती थी। मुझे एहसास भी नहीं हुआ कि यह छोटी सी आदत क्लास से पहले मेरी शांति कैसे छीन रही थी।"

वह आलसी नहीं थी।

वह अनाभिज्ञ थी, हममें से लाखों लोगों की तरह।

ये रिसाव चीखते नहीं हैं।

वे फुसफुसाते हैं।

और दिमाग, अनुकूलनशील होने के कारण, इसे सामान्य करना शुरू कर देता है।

आप यह सोचने लगते हैं कि जीवन ऐसा ही है, व्यस्त, बेदम, बिखरा हुआ।

लेकिन गहराई में, आप जानते हैं:

यह ऐसा महसूस नहीं होना चाहिए।

तो हम क्या कर सकते हैं?

कुछ भी ठीक करने से पहले, हमें स्पष्ट रूप से देखना चाहिए।

इसीलिए अगले भाग में, हम एक साधारण "टाइम ऑडिट" के बारे में बात करेंगे, एक सख्त योजनाकार नहीं, बल्कि एक कोमल दर्पण जो आपको दिखाता है कि आपका समय वास्तव में कहाँ बहता है।

कोई निर्णय नहीं। कोई शर्म नहीं। बस जागरूकता ।

और वहीं से, हम शुरुआत करते हैं।

कोमल समय ऑडिट

इससे पहले कि आप अपने समय का प्रबंधन कर सकें,

आपको यह जानना होगा कि यह वास्तव में कहाँ जाता है।

वहाँ नहीं जहाँ आपको लगता है कि यह जाता है।

वहाँ नहीं जहाँ आप इसे खर्च करना चाहते हैं।

बल्कि जहाँ यह चुपचाप रिसता है, पल-पल।

यहीं से कोमल समय ऑडिट आता है।

यह कोई सख्त शेड्यूल या उत्पादकता हैक नहीं है।

यह बस खुद को निरीक्षण करने का एक तरीका है, बिना किसी निर्णय के, बिना किसी दबाव के।

क्योंकि स्वतंत्रता की ओर पहला कदम हमेशा जागरूकता ही होता है।

3-दिवसीय समय दर्पण

यह इस प्रकार काम करता है:

केवल तीन दिनों के लिए, एक छोटी नोटबुक साथ रखें या अपने फ़ोन पर एक साधारण नोट खोलें।

हर बार जब आप कोई गतिविधि बदलते हैं, तो उसे इसके साथ लिख लें:

- प्रारंभ समय
- गतिविधि
- अवधि

उसे करने के बाद कैसा महसूस हुआ (ऊर्जावान, विचलित, बोर, आरामदेह, पछतावा, आदि)

उदाहरण के लिए:

समय	गतिविधि	अवधि	अनुभूति
सुबह 8:00–8:20	इंस्टाग्राम रील्स देखना	20 मिनट	बिखरा हुआ महसूस करना
सुबह 8:20–8:40	नहाना + कॉफी पीना	20 मिनट	सामान्य (न्यूट्रल)
सुबह 8:40–9:30	वर्क ईमेल + दिन की योजना बनाना	50 मिनट	एकाग्र
सुबह 9:30–10:00	व्हाट्सएप चैटिंग + मीम्स देखना	30 मिनट	थोड़ा थका हुआ महसूस करना

बस ट्रैक करें। बस इतना ही। कोई बदलाव नहीं, कोई सुधार नहीं, केवल ध्यान देना।
तीसरे दिन तक, आप देखना शुरू कर देंगे:

- कौन सी गतिविधियाँ आपकी ऊर्जा को बढ़ा रही हैं।
- कौन सी आपकी स्पष्टता को छीन रही हैं।
- आप प्रतिक्रिया पर कितना समय खर्च करते हैं, न कि निर्माण पर।
- जहाँ आपने सोचा था कि आप "व्यस्त" थे लेकिन बस "विचलित" थे।

यह अभ्यास एक अंधेरे कमरे में रोशनी चालू करने जैसा काम करता है।
जिस क्षण आप अव्यवस्था देखते हैं, आपकी प्रवृत्ति उसे साफ करना शुरू कर देती है।
मुझे भास्कर नाम के एक कॉलेज छात्र के बारे में बताता हूँ।
उसने कहा, "मुझे एहसास ही नहीं हुआ कि मैं दिन में 60 से ज़्यादा बार अपना फ़ोन चेक करता हूँ। मैंने सोचा कि मैं उत्पादक था, लेकिन 3 घंटे कुछ भी नहीं करने में जा रहे थे।"
ऑडिट करने के बाद, उसने सोशल मीडिया नहीं छोड़ा।
उसने बस जागरूकता के साथ इसे चेक करना शुरू कर दिया।
उस एक बदलाव ने उसके दिन में 30 मिनट के वर्कआउट, नियमित डायरी लिखने और यहाँ तक कि जल्दी सोने के लिए जगह बना दी, कुछ भी महत्वपूर्ण काटे बिना।
यह अवलोकन की शक्ति है, बिना अपराधबोध के, बिना बल के।
और यहाँ एक रहस्य है:
आपके समय को अनुशासन की ज़रूरत नहीं है।
इसे इरादे की ज़रूरत है।
जब आप देखते हैं कि आपके घंटे वास्तव में कहाँ बहते हैं,
तो आप स्वाभाविक रूप से उन्हें अपने वास्तविक मूल्यों के साथ फिर से संरेखित करना शुरू कर देते हैं।
दबाव से नहीं।
बल्कि आत्म-सम्मान से।
अगले भाग में, हम यह पता लगाएंगे कि अपने दिन को एक नरम,
मानव-केंद्रित मॉडल का उपयोग करके कैसे पुनर्गठित किया जाए, एक रोबोट के शेड्यूल का नहीं।
क्योंकि समय हल करने वाली समस्या नहीं है।
यह पूरी तरह से, स्वतंत्र रूप से और सचेत रूप से जीने की जगह है।

एक ऐसे दिन को डिज़ाइन करना जो आपकी आत्मा को पोषण दे

ज़्यादातर लोग अपने दिनों से नफरत इसलिए नहीं करते कि वे बहुत भरे हुए होते हैं।
वे उनसे नफरत इसलिए करते हैं क्योंकि वे भरे होने के बावजूद खाली महसूस करते हैं।
इतने सारे काम।
इतनी सारी स्क्रीन।
इतने सारे टैब खुले हुए, आपके ब्राउज़र में, आपके दिमाग में।
और फिर भी, अंत में... कुछ भी ऐसा नहीं जो आपको वास्तव में प्रभावित करे।
ऐसा इसलिए है क्योंकि हम तत्काल के आधार पर दिन डिज़ाइन कर रहे हैं, अर्थ के आधार पर नहीं।
हम पहले, सबसे तेज़, या सबसे नवीनतम चीज़ पर प्रतिक्रिया करते हैं, न कि उस पर जो सबसे ज़्यादा मायने रखता है।
लेकिन क्या होगा अगर आपका दिन आपको पोषित कर सके, एक अच्छे भोजन की तरह?
सिर्फ आपका समय न भरे, बल्कि आपके ध्यान, आपकी ऊर्जा, आपकी आत्मा को भी पोषण दे?
आपको एक सही दिनचर्या की ज़रूरत नहीं है।
आपको एक जीवित ताल की ज़रूरत है, एक ऐसी जो आपके वास्तविक जीवन और आपके वास्तविक स्व के अनुकूल हो।
आइए इसे बनाते हैं। धीरे से।

एक नरम संरचना: 4-भाग वाला दिन मानचित्र

अपने दिन को कामों से भरने के बजाय, अपनी ऊर्जा को 4 भागों में विभाजित करने का प्रयास करें:

गोल्डन आवर (90 मिनट, सुबह)
आपका दिमाग जागने पर सबसे ताज़ा होता है।
अपना सबसे अच्छा घंटा इंस्टाग्राम, ईमेल या तनाव को न दें।
इसे अपने आपको, अपने लक्ष्य को, अपनी सीख को, अपनी कला को, अपनी शांति को दें।
यह आपका रचनात्मक शक्ति क्षेत्र है।
यहाँ तक कि 45 मिनट भी समय के साथ आपके जीवन की दिशा बदल सकते हैं।

पवित्र कार्य क्षेत्र (2-4 घंटे, दोपहर)
इस समय को अपने सबसे महत्वपूर्ण कार्य के लिए निर्धारित करें, चाहे वह पढ़ाई करना हो, कुछ बनाना हो, या कमाना हो।
अपना फ़ोन एयरप्लेन मोड पर रखें।
एक टाइमर सेट करें।
ब्रेक के बीच गहरी साँसें लें।
यह ज़्यादा करने के बारे में नहीं है, यह एक चीज़ को गहराई से करने के बारे में है।

प्रवाह + लचीलापन क्षेत्र (दोपहर, 2-3 घंटे)
अपने दिन के इस हिस्से को अधिक लचीला रहने दें, कामों, बैठकों, सामान्य जवाबों, चलने आदि के लिए।
आपको अभी भी प्रवाह की ज़रूरत है। लेकिन अब ऊर्जा हल्की हो सकती है।
यह वह जगह है जहाँ आप जीवन को होने देते हैं, लेकिन उपस्थिति के साथ।

पुनर्प्राप्ति और चिंतन क्षेत्र (शाम)
फ़ोन बंद। दिमाग शांत। दिल खुला।
वास्तविक लोगों के साथ समय बिताएं।
लिखें कि आपने आज क्या महसूस किया।

कुछ ऐसा पढ़ें जो आपको शांत करे।
सोने से पहले एक घंटा भी स्क्रीन-फ्री रहना आपके तंत्रिका तंत्र को फिर से बनाता है।

यह कोई नियम पुस्तिका नहीं है।
यह पूर्णता के लिए एक ढाँचा है।
आपको इसका पूरी तरह से पालन करने की ज़रूरत नहीं है।
आपको बस अपने समय को अपने मूल्यों को दर्शाने देना होगा, न कि अपनी नोटिफिकेशन्स को।

मुझे एक उदाहरण देता हूँ।
नेहा, एक पूर्णकालिक कामकाजी माँ, को लगता था कि उसके पास खुद के लिए समय नहीं है।
सुबह के पहले 30 मिनट को व्हाट्सएप से हटाकर, डायरी लिखने और गहरी साँस लेने में लगाने से, उसे पूरे दिन स्थिरता महसूस हुई।
उसने कुछ भी नहीं छोड़ा।
उसने बस एक छोटा सा हिस्सा पुनः प्राप्त किया, और वह एक लहर शुरू करने के लिए पर्याप्त था।
आपको 10 नए घंटों की ज़रूरत नहीं है।
आपको उन घंटों के साथ एक नए रिश्ते की ज़रूरत है जो आपके पास पहले से हैं।
और यह एक साहसिक चुनाव से शुरू होता है:
अपने दिन को अपनी आत्मा के लिए डिज़ाइन करें, न कि सिर्फ अपने शेड्यूल के लिए।

खो चुके समय को जाने देना

कहीं गहराई में, आप पहले से ही जानते हैं कि आपने कितना समय खो दिया है।
यह तब आता है जब आप आधी रात के बाद बिस्तर पर लेटे होते हैं, यह सोचते हुए कि दिन इतना भरा हुआ क्यों लगा... फिर भी इतना खाली।
यह शांत रविवारों के दौरान आपको परेशान करता है, जब आपकी करने वाली चीजों की सूची फुसफुसाती है कि अब तक क्या किया जा सकता था।
और कभी-कभी, यह दहाड़ता है, जैसे जब आप किसी छोटे व्यक्ति को वह करते हुए देखते हैं जो आपने अभी तक शुरू भी नहीं किया है।
वह भावना?
इसे समय का पछतावा कहते हैं।
और यह वास्तविक है।
लेकिन यहाँ वह सच है जो आपको आज सुनने की ज़रूरत है:
आप पीछे नहीं हैं।
आपको देर नहीं हुई है।
आप बस अनजान थे।
अब आप जागृत हैं।
पहले से खर्च किए गए समय के लिए खुद को दोष देने का कोई फायदा नहीं है।
उस अपने संस्करण को दंडित करने का क्या मतलब है जिसे बेहतर पता नहीं था?
वह बस जीवित रहने की कोशिश कर रहा था।
बस तालमेल बिठाने की कोशिश कर रहा था।
एक ऐसी दुनिया में बस प्रतिक्रिया दे रहा था जो कभी धीमी नहीं होती।
आपके उस संस्करण को करुणा की ज़रूरत है, आलोचना की नहीं।

मुझे एक कहानी बताता हूँ।
सतीश, एक 40 वर्षीय प्रशासनिक अधिकारी, ने एक बार मुझसे कहा, “अगर मैंने अपने सप्ताहांत का बेहतर उपयोग किया होता, तो मैंने अब तक अपनी किताब लिख ली होती। 8 साल से 'अगले महीने' चल रहा है।”

मैंने उससे पूछा, “अब तुम्हें क्या रोक रहा है?”

वह रुका और बोला, “ईमानदारी से कहूँ तो? शर्म। मुझे लगता है कि मैंने इतना बर्बाद कर दिया है कि शुरुआत करने की भी हिम्मत नहीं होती।”

लेकिन वह शर्म ही है जो पहिया को फंसाए रखती है।

वह समय के कारण नहीं फँसा था।

वह खोए हुए समय के बोझ के कारण फँसा था।

और हम सभी इसे चुपचाप ढोते हैं।

तो मैं आपको यह पेशकश करता हूँ:

वह वजन छोड़ दें।

आज ही।

इसलिए नहीं कि अतीत मायने नहीं रखता, बल्कि इसलिए कि आप अपनी देरी से ज़्यादा मायने रखते हैं।

आपका भविष्य इस बात की परवाह नहीं करता कि आपको यहाँ तक पहुँचने में कितना समय लगा।

यह केवल पूछता है:

“क्या आप अभी शुरू करेंगे?”

यह सरल आंतरिक रीसेट आज़माएँ:

एक मिनट लें।

अपनी आँखें बंद करें।

धीरे से फुसफुसाएँ: “हाँ, मैंने समय खोया। लेकिन आज, मैं अलग चुनाव करता हूँ।”

इसे अपना मंत्र बनने दें।

अतीत को मिटाने के लिए नहीं, बल्कि वर्तमान में अपनी शक्ति को पुनः प्राप्त करने के लिए।

याद रखें:

क्षमा भी एक समय का उपकरण है।

यह आपके मन में जगह साफ करता है, ताकि स्पष्टता अंदर आ सके।

अगर आप उन दरवाजों को देखते रहेंगे जो आपके पीछे बंद हो गए...

...आप उस एक को याद कर जाएंगे जो चुपचाप सामने खुल रहा है।

आज जहाँ हैं, वहीं से शुरू करें

आपको शुरू करने के लिए एक उत्तम सोमवार की ज़रूरत नहीं है।
आपको एक बिलकुल नई नोटबुक, एक कैलेंडर ऐप, या एक समय प्रबंधन कोर्स की ज़रूरत नहीं है।
आपको बस एक चीज़ की ज़रूरत है:
एक शांत निर्णय , कि आज कल जैसा नहीं होगा।
बस इतना ही।
कोई नाटक नहीं। कोई भाषण नहीं।
बस एक नरम चुनाव जो आपके दिल में गहराई से किया गया है।
वहीं से शुरू करें जहाँ आप हैं।
वहाँ नहीं जहाँ आपको "होना चाहिए"।
वहाँ नहीं जहाँ कोई और है।
वहाँ नहीं जहाँ आपका अपराधबोध कहता है कि आप हो सकते थे।
यहाँ से शुरू करें।
इसी घंटे में, इसी शरीर में, इसी दिमाग में, शायद थका हुआ, लेकिन फिर भी सक्षम।

मुझे इकरा से मिलवाता हूँ।
वह 22 साल की है, भोपाल में एक कॉल सेंटर में पार्ट-टाइम काम करती है, शाम को पढ़ाई करती है, और घर पर अपनी माँ की मदद करती है।
उसने एक बार कहा था, “मेरा दिन धुंधला है। मुझे पता भी नहीं कि इसे ठीक करना कहाँ से शुरू करूँ।”
मैंने उससे कहा, “तुम्हें पूरे दिन को ठीक करने की ज़रूरत नहीं है। बस एक पल चुनो और उसमें पूरी तरह से मौजूद रहो।”

उसने 20 मिनट पहले उठना शुरू किया, काम करने के लिए नहीं, योजना बनाने के लिए नहीं, बस चाय के साथ शांति से बैठने के लिए।
उस एक अनुष्ठान ने उसके बाकी दिन में प्रवेश करने के तरीके को बदल दिया, स्थिर , हांफते हुए नहीं।
उसने अपना पूरा जीवन नहीं बदला।
उसने एक खिड़की बदली।
और धीरे-धीरे, रोशनी अंदर आने लगी।
आपकी यात्रा भी वहीं से शुरू होती है।
"समय प्रबंधन" से नहीं, बल्कि समय की दोस्ती से।

इसे आज़माएं: "1-1-1" विधि
आज के लिए बस ये तीन सरल चीजें करने की कोशिश करें:

1. 1 मिनट यह ध्यान देने में बिताएं कि कल आपका समय कहाँ गया, कोई निर्णय नहीं, बस ईमानदारी।

2. आज समय का 1 छोटा ब्लॉक (15-30 मिनट) सुरक्षित करें, किसी ऐसी चीज़ के लिए जो आपको पोषित करती है (पढ़ना, चलना, साँस लेना, सीखना)।
3. 1 चीज़ पर विचार करें जिसे आप कल अधिक इरादे से करना चाहते हैं।

कोई बड़ी घोषणाएं नहीं।
बस एक मिनट + एक ब्लॉक + एक चिंतन ।
ऐसे ही नींव बनाई जाती है, भारी ईंटों से नहीं, बल्कि स्पष्टता के छोटे, शांत स्थानों से।
और याद रखें:
अपने समय का सम्मान करना शुरू करने का कोई सही दिन नहीं होता।
बस आज है।

और देर नहीं हुई है।
आपके लिए नहीं। आपके सपनों के लिए नहीं। आपकी शांति के लिए नहीं।
अगले भाग में, हम इस बात पर गहराई से जाएंगे कि अपने आप को इरादे के ईर्द-गिर्द कैसे फिर से बनाया जाए, ताकि "मेरे पास समय नहीं है" अब वह न रहे जो आप हैं... यह बस कुछ ऐसा है जिस पर आप कभी विश्वास करते थे
आज से... कल से नहीं।

आप अपनी विकर्षण पहचान नहीं हैं

मुझे आपसे कुछ पूछता हूँ।
क्या आपने कभी ऐसी बातें कही हैं:
"मैं बस ध्यान नहीं लगा पाता।"
"मैं समय प्रबंधन में बहुत बुरा हूँ।"
"मैं हमेशा पीछे रहता हूँ।"
"मैं चीजें शुरू तो करता हूँ लेकिन कभी खत्म नहीं करता।"

अब रुकें।
क्या होगा अगर मैं आपसे कहूँ, ये तथ्य नहीं हैं।
ये बस ऐसी कहानियाँ हैं जिन्हें आपने इतनी बार दोहराया है... कि आपने उन पर विश्वास करना शुरू कर दिया।
इसे विकर्षण पहचान कहते हैं, जब आप अपनी आदतों को अपनी प्रकृति मान लेते हैं।
सिर्फ इसलिए कि आप एक निश्चित तरीके से जी रहे हैं, इसका मतलब यह नहीं कि आप उसी तरह से बने हुए हैं।
हाँ, शायद आप असंगत रहे हों।
शायद आपने टालमटोल की हो।
शायद आप स्क्रीन में डूब गए हों और महत्वपूर्ण चीजों को छोड़ दिया हो।
लेकिन आप वह नहीं हैं।

यह बस वह था जैसा आप व्यवहार कर रहे थे।
और व्यवहार बदल सकता है।
क्योंकि पहचान पत्थर की लकीर नहीं है।
यह पुनरावृत्ति से बनती है।

मुझे श्रवण के बारे में बताता हूँ।
वह 27 साल का है, महाराष्ट्र के एक छोटे से शहर में रहता है, डेटा एंट्री में काम करता है।
उसने एक बार मुझसे कहा, “मैं उस तरह का व्यक्ति नहीं हूँ जो दिनचर्या का पालन करता है। मैंने बहुत बार कोशिश की और असफल रहा।”
लेकिन जब हमने इसे तोड़ा, तो उसने यह पाया:

वह दूसरे लोगों की दिनचर्या का पालन करने की कोशिश कर रहा था।

वह हर छोटी सी गलती के लिए खुद को दंडित कर रहा था।

और सबसे बुरा, उसने खुद को 'अनुशासनहीन' के रूप में लेबल कर लिया था, और वह लेबल एक पिंजरा बन गया था।

मैंने उससे पूछा, “क्या होगा अगर आप खुद को नाम देना बंद कर दें, और बस खुद को हर दिन पूरे ध्यान के साथ 10 मिनट दें?”
उसने ऐसा ही किया।
बस हर दिन 10 मिनट का गहरा काम, 2 हफ्तों के लिए।
परिणाम?
वह परफेक्ट नहीं बना।
वह संभव बना।
यहाँ रहस्य है:
आप वही बन जाते हैं जो आप बार-बार करते हैं।
लेकिन आप वही बन जाते हैं जो आप बार-बार अपने बारे में कहते हैं।

तो अगर आप कहते रहते हैं, “मेरे पास समय नहीं है,”
तो वह आपकी पहचान बन जाती है।
और आपका व्यवहार आपके विश्वास से मेल खाने लगता है।
लेकिन अगर आप विश्वास को बदलते हैं, भले ही थोड़ा सा, व्यवहार उसका पालन करना शुरू कर देता है।
अभी खुद से यह कहने की कोशिश करें:
“मैं अपने समय की रक्षा करना सीख रहा हूँ।”
“मैं गहराई और ध्यान केंद्रित करने में सक्षम हूँ।”
“मैं ऐसा व्यक्ति हूँ जो दबाव से ज़्यादा उपस्थिति को महत्व देता है।”
इसे धीरे से कहें।
भले ही आपको अभी पूरी तरह से विश्वास न हो।
क्योंकि बदलाव एक फुसफुसाहट से शुरू होता है, चीख से नहीं।
अगले भाग में, हम इन सभी को शक्तिशाली बुलेट पॉइंट्स के एक सेट में एक साथ लाएंगे, अनुस्मारक जिन्हें आप कभी भी फिसलने, झिझकने या खुद पर संदेह करने पर वापस देख सकते हैं।

समय को फिर से परिभाषित करने वाले 10 भावनात्मक बुलेट पॉइंट्स

- आपको समय की कमी नहीं है, आपको यह नहीं पता कि यह कहाँ जाता है।

- हर क्षण जिसे आप ईमानदारी से ट्रैक करते हैं, वह आपको शक्ति में वापस लाता है।

- विकर्षण छोटा लगता है... जब तक यह आपके सपनों को धीमी गति से चुरा नहीं लेता।

- आप जिस चीज़ को 5 मिनट देते हैं, उसे समय के साथ अपना जीवन दे देते हैं।

- समय जब जाता है तो चीखता नहीं। यह रिसता है, एक-एक अनजाने पल में।

- नल बंद करना सीखें।

- आप "समय के साथ बुरे" नहीं हैं। आपको कभी सिखाया ही नहीं गया कि इसके साथ सौम्य कैसे रहें।

- अनुशासन दंड नहीं है, यह आत्म-सम्मान का कार्य है।

- आप आलसी नहीं हैं। आप लूप में हैं।

- चक्र को तोड़ें, अपनी आत्मा को नहीं।

- समय का पछतावा भारी है, लेकिन यह स्थायी नहीं है।

- आप अतीत को नहीं बदल सकते। लेकिन आप इसे दोहराने से इनकार कर सकते हैं।

- दिन में 15 ईमानदार मिनटों से शुरू करें, पूरी तरह से केंद्रित, पूरी तरह से उपस्थित।

- यह छोटा नहीं है। यह पहचान बनाने वाला है।
- व्यस्तता सम्मान का प्रतीक नहीं है। यह अक्सर बचने का संकेत होता है।

- शांति आपको बताएगी कि वास्तव में क्या मायने रखता है।
- अपने जीवन को तत्काल के आधार पर डिज़ाइन न करें। इसे उस पर डिज़ाइन करें जो आपको पोषित करता है।

- एक शांत जीवन धीमा नहीं होता, यह एक स्पष्ट जीवन होता है।
- आपको एक नए शेड्यूल की ज़रूरत नहीं है। आपको एक नई कहानी की ज़रूरत है।
- धीरे से कहें: "मैं एक ऐसा व्यक्ति बन रहा हूँ जो अपने समय की रक्षा करता है।"

समय के दबाव से समय की शक्ति की ओर अंतिम बदलाव

आपको समय को नियंत्रित करने की ज़रूरत नहीं है।
आपको बस उसके साथ चलना है, उसके खिलाफ नहीं।
जब आप मिनटों का पीछा करना बंद कर देते हैं और पलों को चुनना शुरू करते हैं,
कुछ जादुई होता है।
जीवन एक दौड़ जैसा लगना बंद हो जाता है।
और फिर से अपना जैसा लगना शुरू हो जाता है।
आपको कभी भी हर सेकंड को "प्रबंधित" करने के लिए नहीं बनाया गया था।
आपको उनके अंदर पूरी तरह से जीने के लिए बनाया गया था।
आप जो दबाव महसूस करते हैं?
वह घड़ी से नहीं है।
वह उन कहानियों से है जिन पर आपने विश्वास किया है कि अब तक क्या हो जाना चाहिए था।
लेकिन आपको देखो।
अभी भी यहाँ।
अभी भी साँस ले रहे हो।
अभी भी फिर से चुनने में सक्षम हो।
यह आपकी शांत बदलाव की शुरुआत हो:

अब और नहीं "मेरे पास समय नहीं है।"
इसके बजाय, "मैं अपने पास मौजूद समय का सम्मान करूँगा।"
अब और नहीं "मैं किसी दिन शुरू करूँगा।"
इसके बजाय, "मैं आज, जो कर सकता हूँ, उससे शुरू करूँगा।"
अतीत के बारे में अब कोई अपराधबोध नहीं।
इसके बजाय, वर्तमान के लिए कृतज्ञता।
एक साँस लें।
अभी।

उसे अंदर आते हुए महसूस करें... और बाहर जाते हुए।
यह समय है, जो आपके माध्यम से गुजर रहा है।
आपने उसे मजबूर नहीं किया।
आपने बस उसे अनुमति दी।
आपके दिन ऐसे ही महसूस होने लगेंगे, हल्के, शांत, आपके।
और इसे याद रखें:
हर पल एक नया पन्ना है।
आपको अपना पूरा जीवन फिर से लिखने की ज़रूरत नहीं है।
बस अपना अगला शब्द चुनें, इरादे के साथ।
ऐसे ही कहानी बदलती है।
ऐसे ही आप बदलते हैं।
एक चुनाव एक समय में।
एक पल पुनः प्राप्त।
एक सच्चाई याद रखी गई:
आपके पास समय है।
और अब... आप जानते हैं कि इसका उपयोग कैसे करना है।

अध्याय 5: जब चुप्पी असहज महसूस होती है

खामोशी कहाँ चली गई?

एक समय था जब खामोशी पवित्र थी।
गाँवों में, लोग नीम के पेड़ों के नीचे बैठते थे, चाय पीते थे और ज़्यादा बात नहीं करते थे।
खामोशी खाली नहीं थी, वह भरी हुई थी,
समझ से, अनकही प्रार्थनाओं से, और धीरे-धीरे साँस लेते हुए समय से।
लेकिन कुछ बदल गया।
हम गाँव छोड़कर शहर आ गए।
हमने धीमी सूर्यास्त को नियॉन रोशनी वाली रातों से बदल दिया।
हमने सरसराहट करते पत्तों को सुनना बंद कर दिया... और अपनी ही साँस की आवाज़ से डरने लगे।

अब, जब कमरे में कोई ठहराव आता है, तो कोई घबराकर अपना फ़ोन खोल लेता है।
जब दो लोगों के बीच चुप्पी होती है, तो कोई उसे शब्दों से भरने की जल्दबाजी करता है।
जब हम अकेले होते हैं... हम शोर की तलाश करते हैं, गाने, नोटिफिकेशन्स, कुछ भी अपनी ही दिमाग की आवाज़ के अलावा।
हम किससे भाग रहे हैं?

और क्यों खामोशी, जो कभी इतनी आरामदायक थी, अब हमें बेचैन करती है?
इसी की खोज यह अध्याय करेगा।
धीरे से। आत्मिक रूप से। जैसे ठंडी घास पर नंगे पैर चलना।

शांति का डर

आप एक सुबह जल्दी उठते हैं।
कोई अलार्म नहीं है।
अभी कोई संदेश नहीं है।
कोई आसपास घूम नहीं रहा है।
बस स्थिरता है। शुद्ध, अबाधित शांति।
और शांति के बजाय... आपको एक अजीब सी असुविधा महसूस होती है।
जैसे हवा बहुत स्थिर है।
जैसे कुछ गायब है।
तो, आप अपना फ़ोन उठा लेते हैं। इसलिए नहीं कि आपको ज़रूरत है। बल्कि इसलिए कि खामोशी अजीब लगती है।
आप अकेले नहीं हैं।
यह आधुनिक दुनिया की छिपी हुई चिंता है:
हमें अब खामोशी के साथ क्या करना है, यह नहीं पता।
यह एक खाली जगह की तरह महसूस होती है जिसे भरना है।
प्रवाह में एक गड़बड़ी।
एक संकेत कि कुछ गलत है।
और फिर भी, खामोशी दुश्मन नहीं है।
यह वह जगह है जहाँ हम खुद से मिलते हैं।

मुझे माया के बारे में बताता हूँ।
वह 35 साल की है, दिल्ली में रहती है, एचआर में काम करती है।

उसने एक बार कहा था, "मैं खामोशी में नहीं बैठ सकती। जिस पल मैं ऐसा करती हूँ, मेरे विचार तेज़ हो जाते हैं। मुझे वे चीजें याद आती हैं जो मैंने नहीं की हैं, जिन लोगों को मैंने निराश किया है, वे डर जिन्हें मैंने नाम नहीं दिया..."
तो वह खुद को व्यस्त रखती है। खाना बनाते समय टीवी। चलते समय पॉडकास्ट। सोने से पहले रील्स।
उसने कहा, "मैं जानती हूँ कि यह अस्वस्थ है, लेकिन शांति मुझे घबरा देती है। जैसे मैं इसमें डूब जाऊँगी।"
आज लाखों लोगों की यही कहानी है।
हमने अपने जीवन को ध्वनि से भर दिया है, इसलिए नहीं कि हम इसे पसंद करते हैं, बल्कि इसलिए कि हम डरते हैं कि खामोशी हमें क्या दिखा सकती है।
और फिर भी, गहराई में, आपको एक अलग भावना याद है।
शायद बचपन से, गर्मी में छत पर लेटे हुए, तारों को देखते हुए।
शायद किसी मंदिर के आँगन से, जहाँ हवा भी पवित्र लगती थी।
शायद ऐसे समय से जब दो लोग एक साथ बैठ सकते थे और एक शब्द भी नहीं कह सकते थे... और फिर भी करीब महसूस कर सकते थे।
वह तरह की खामोशी मरी नहीं है।
वह बस दब गई है।
जल्दी के नीचे।
सामग्री के नीचे।
हमेशा कुछ करने के दबाव के नीचे।
यहाँ एक कोमल सत्य है:
खामोशी आपको चोट नहीं पहुँचाती। यह बस एक आईना रखती है।
और वह आईना आपको दिखा सकता है:
जिस शोक को आपने टाला।
जिस अकेलेपन को आपने दिनचर्या से ढका।
जिन सपनों को आप अनदेखा कर रहे हैं।
आपके वे हिस्से जिन्हें आपने तब छोड़ दिया जब जीवन शोरगुल से भर गया।

देखना आसान नहीं है।

लेकिन यह वास्तविक है।
और अगर आप पर्याप्त समय तक रुकते हैं, तो वही खामोशी उसे ठीक करना शुरू कर सकती है जिसे शोर केवल छिपा सकता था।

हर चीज़ की अति में डूबना

हमें इतने इनपुट के लिए नहीं बनाया गया था।
इतने सारे संदेश।
इतने सारे अपडेट।
इतनी सारी राय, वीडियो, आवाजें, कंपन, और चमकती छवियां।
दिमाग, अपनी सारी चमक के लिए, उपस्थिति के लिए डिज़ाइन किया गया था।
इस अराजकता के लिए नहीं जिसे हम "कनेक्शन" कहते हैं।
आइए रुकें और चारों ओर देखें।
आप एक कैफे जाते हैं, एक युवा जोड़ा एक-दूसरे के सामने बैठा है, दोनों अपने फ़ोन पर हैं।
आप लाल बत्ती पर इंतजार करते हैं, कोई सड़क पर नहीं देख रहा है। सिर नीचे। स्क्रीन चमकी हुई।
यहाँ तक कि मंदिरों में, पार्कों में, यहाँ तक कि आसमान के नीचे चलते हुए भी, हम स्क्रॉल कर रहे हैं, सुन रहे हैं, जवाब दे रहे हैं, मल्टीटास्किंग कर रहे हैं।
और इससे भी बुरा क्या है?
हम इसे सामान्य कहते हैं।
लेकिन हमारा तंत्रिका तंत्र आराम के लिए भीख मांग रहा है।
यह स्विच करने से थक गया है।
प्रतिक्रिया देने से थक गया है।
कभी पूरी साँस न ले पाने से थक गया है।

हर पिंग, हर रील, हर ब्रेकिंग हेडलाइन आपके दिमाग को सूक्ष्म-उद्दीपन से भर देती है।
और समय के साथ, यह शांति का स्वाद भूलने लगता है।
न्यूरोसाइंस क्या कहता है:
जब आपका दिमाग लगातार उत्तेजना को संसाधित कर रहा होता है,

- कोर्टिसोल (तनाव हार्मोन) बढ़ता है।
- ध्यान घटता है।
- याददाश्त खंडित होती है।
- नींद प्रभावित होती है।

और सबसे बुरा, डिफ़ॉल्ट मोड नेटवर्क (दिमाग की रचनात्मक, आत्म-चिंतनशील प्रणाली) बंद हो जाता है।

सरल शब्दों में?
आप अपनी आवाज़ सुनना बंद कर देते हैं।
क्योंकि बाहर का वॉल्यूम बहुत तेज़ है।

मुझे आपको उत्तराखंड के एक शांत गाँव में ले चलता हूँ।
एक जंगल के किनारे एक मिट्टी के घर में, एक बूढ़ी औरत हर शाम बिना फ़ोन, बिना संगीत, बिना जल्दबाजी के बैठती है।
वह सूरज को पहाड़ियों के पीछे डूबते देखती है।
वह इसे "माइंडफुलनेस" नहीं कहती।
वह इसे "ध्यान" नहीं कहती।
वह बस... धीरे-धीरे जीती है। पूरी तरह से।
और आप इसे उसके चेहरे पर देख सकते हैं।
शांति।
गहराई।

उस व्यक्ति की कोमलता जो खामोशी के साथ युद्ध में नहीं है।
इसकी तुलना शहरी जीवन से करें।
रमेश, मुंबई में एक कॉर्पोरेट मैनेजर, अलार्म बजने के साथ उठता है, टॉयलेट में ईमेल चेक करता है, नाश्ते के दौरान ग्राहकों को जवाब देता है, शेविंग करते समय फाइनेंस पॉडकास्ट सुनता है, और नेटफ्लिक्स ऑटप्ले के साथ सो जाता है।
वह खुद से कहता है कि वह "उत्पादकता बढ़ा रहा है।"
लेकिन उसे याद नहीं कि उसने आखिरी बार कब आराम महसूस किया था।
वह तेज़ी से नहीं जी रहा है।
वह बस जोर से जी रहा है।
हम में से बहुत से लोग हैं।
लेकिन यहाँ एक कोमल सच्चाई है जो कोई हमें नहीं बताता:
आपको ज़्यादा समय की ज़रूरत नहीं है।
आपको कम शोर की ज़रूरत है।
क्योंकि शोर की अनुपस्थिति में... कुछ जादुई होता है:
आप अपने ही जीवन को फिर से सुनना शुरू कर देते हैं।

खामोशी दिमाग के साथ क्या करती है

खामोशी खाली नहीं है।
यह एक उपचारक आवृत्ति है।
यह सिर्फ आपके आस-पास को शांत नहीं करती, यह आपके सिर के अंदर जो हो रहा है उसे फिर से तार-तार कर देती है।
आधुनिक विज्ञान ने चुपचाप पुष्टि की है कि संतों को हमेशा क्या पता था:
खामोशी ठीक करती है।
आइए दिमाग से शुरू करें।
जब आप लगातार शोर से घिरे होते हैं, नोटिफिकेशन्स, ट्रैफिक, मल्टीटास्किंग, तो आपका दिमाग सहयोगी तंत्रिका तंत्र को सक्रिय करता है।

यह सतर्कता, तात्कालिकता और तनाव के लिए जिम्मेदार प्रणाली है, जिसे
लड़ाई-या-उड़ान मोड
के रूप में भी जाना जाता है।
लेकिन खामोशी में...
आपका दिमाग बदल जाता है।
यह पैरासिम्पेथेटिक तंत्रिका तंत्र को
सक्रिय करता है, जो पुनर्प्राप्ति , आराम , पाचन , स्पष्टता के लिए जिम्मेदार है।
यहाँ तक कि सिर्फ 2 मिनट की गहरी शांति भी कोर्टिसोल (तनाव हार्मोन) को कम करना और आपके भागते विचारों को धीमा करना शुरू कर सकती है।
और जब खामोशी लगातार होती है, तो कुछ सुंदर होता है:
आपका दिमाग गहरे संबंध बनाना शुरू कर देता है।
2013 के एक अध्ययन में, शोधकर्ताओं ने पाया कि दिन में 2 घंटे की खामोशी से हिप्पोकैंपस में नए मस्तिष्क कोशिकाओं का विकास होता है, यह क्षेत्र स्मृति और सीखने से जुड़ा है।
इसका मतलब?
खामोशी सिर्फ दिमाग को आराम नहीं देती।
यह शाब्दिक रूप से इसे फिर से बनाती है।
और यह सिर्फ दिमाग ही नहीं है।
आपकी साँस धीमी हो जाती है।
आपकी हृदय गति समान हो जाती है।
आपका पाचन सुधरता है।
आपकी नींद गहरी होती है।
शरीर खामोशी में सुरक्षित महसूस करता है।
और जब शरीर सुरक्षित महसूस करता है... तो आत्मा छिपने से बाहर आती है।

मुझे सीमा के बारे में बताता हूँ।
वह 29 साल की है, हैदराबाद में रहती है, टेक में काम करती है।

समय-सीमा और ऑनलाइन ओवरलोड से जलने के बाद, उसने 3 दिन का डिजिटल डिटॉक्स रिट्रीट लिया, कोई फ़ोन नहीं, कोई शोर नहीं, बस निर्देशित खामोशी।

उसने मुझसे कहा, “पहले कुछ घंटे यातना थे। मुझे नहीं पता था कि खुद के साथ क्या करूँ। लेकिन दूसरे दिन तक... मैं रोई। इसलिए नहीं कि मैं दुखी थी। बल्कि इसलिए कि सालों में पहली बार, मैंने खुद को फिर से सुना।”

खामोशी यही करती है।

यह आपको... आपको लौटा देती है।

आपको पहाड़ पर जाने की ज़रूरत नहीं है।

आपको तीन दिन की छुट्टी की ज़रूरत नहीं है।

हर सुबह सिर्फ पाँच मिनट की स्थिरता भी...

सोने से पहले अपने फ़ोन के बिना दस मिनट भी...

हेडफ़ोन के बिना चलना भी...

...ये छोटी बातें नहीं हैं।

ये मानसिक विटामिन हैं एक ऐसी दुनिया में जो विकर्षण की अधिक खुराक ले रही है।

हमारे घरों, रिश्तों और रोज़मर्रा के जीवन में खामोशी

हम अक्सर सोचते हैं कि खामोशी मंदिरों, रिट्रीट्स या पहाड़ों में रहती है।

लेकिन सच्चाई यह है कि खामोशी हमेशा घर में रहने के लिए थी।

दो लोगों के बीच की जगह में जो एक-दूसरे को समझते हैं।

शब्दों के बीच के ठहराव में, जब हम देखते हैं, सिर्फ सुनते नहीं।

उस पल में जब एक बच्चा अपनी माँ की गोद में सिर रखता है, और कुछ भी कहने की ज़रूरत नहीं होती।

लेकिन ये खामोशियाँ...

वे गायब होनी शुरू हो गई हैं।

अब, हम एक साथ बैठने के बजाय कमरों में से ही आवाज़ लगाते हैं।

अब, हम खाने की मेज को टेलीविज़न की आवाज़ से भरते हैं, साझा कहानियों से नहीं।

अब, हम किसी ऐसे व्यक्ति के बगल में स्क्रॉल करते हैं जिससे हम प्यार करते हैं, और फिर भी अकेला महसूस करते हैं।

हमने समय नहीं खोया है।

हमने उपस्थिति खो दी है।

और खामोशी, सच्ची, साझा खामोशी, वह मिट्टी है जिसमें उपस्थिति पनपती है।

मुझे श्री और श्रीमती चोपड़ा के बारे में बताता हूँ।

उनकी शादी को 42 साल हो गए हैं।

हर शाम, वे बालकनी में एक साथ बैठते हैं, अपनी चाय के कप पकड़े हुए।

वे उन 20 मिनटों के दौरान शायद ही कभी बात करते हैं।

लेकिन कोई तनाव नहीं है, कोई अजीबपन नहीं है, बस एक शांत समझ है।

पूछने पर, श्रीमती चोपड़ा ने एक बार मुस्कुराते हुए कहा,

"कुछ लोग खामोशी को शब्दों से भरते हैं।

हम बस प्यार को उसमें साँस लेने देते हैं।"

अब इसकी तुलना कविता और रोहन से करें, एक युवा जोड़ा जो अपने 30 के दशक में है, एक मेट्रो शहर में रह रहा है।

वे बात करने से ज़्यादा टेक्स्ट करते हैं।

यहां तक कि एक ही बिस्तर पर बैठे हुए भी, वे अक्सर रील्स में खोए रहते हैं, अगल-बगल, हेडफ़ोन लगाए हुए।

एक दिन, रोहन ने बातचीत शुरू करने की कोशिश की। कविता ने जवाब दिया, विचलित होकर, बिना ऊपर देखे।

उसने फिर से कोशिश नहीं की।

ऐसा नहीं है कि वे एक-दूसरे से प्यार नहीं करते।

यह है कि उनकी साझा खामोशी को समानांतर शोर ने बदल दिया है।

परिवारों में, खामोशी पवित्र होने के बजाय असहज हो गई है।

बच्चों को बेचैनी महसूस होती है जब उनका मनोरंजन नहीं होता।

माता-पिता असहज महसूस करते हैं जब कोई बात नहीं कर रहा होता।

भाई-बहन एक साथ बैठते हैं, फिर भी अलग-अलग डिजिटल ब्रह्मांडों में मौजूद होते हैं।

लेकिन यहाँ एक कोमल अनुस्मारक है:
सच्चा संबंध हमेशा बोलता नहीं।
कभी-कभी, यह बस रहता है।
शांति में बैठना।
एक साथ साँस लेना।
एक ही छत से, एक ही सूर्यास्त को देखना, बिना कुछ कहे, और फिर भी महसूस करना कि आपको देखा जा रहा है।
आप इसे वापस ला सकते हैं।
आज ही।
एक भोजन खामोशी में करें, बस खाएं, बस रहें।

किसी ऐसे व्यक्ति के बगल में बैठें जिससे आप प्यार करते हैं, बात करने की ज़रूरत के बिना।

रात में एक मोमबत्ती जलाएं और दस मिनट के लिए कुछ न करें। शांति को लौटने दें।

क्योंकि खामोशी अनुपस्थिति नहीं है।
यह ध्यान है।

खामोशी के लिए फिर से जगह कैसे बनाएं

आपको खामोशी खोजने के लिए कहीं दूर जाने की ज़रूरत नहीं है।
आपको बस इसके लिए जगह बनाने की ज़रूरत है, जैसे आप एक ऐसे मेहमान के लिए बनाते हैं जिसे आप प्यार करते हैं, लेकिन बुलाना भूल गए।
खामोशी समय की मांग नहीं करती।
यह जगह मांगती है।
यह अनुमति देने के लिए कहती है, मजबूर करने के लिए नहीं।
और अच्छी खबर यह है, आपको अपना पूरा जीवन बदलने की ज़रूरत नहीं है।
आपको बस अपने जीवन में चलने के तरीके को बदलना होगा।
यहाँ शांति की ओर एक कोमल मार्गदर्शिका है:

1. छोटे-छोटे पलों से शुरुआत करें

- घंटों का लक्ष्य न रखें। मिनटों से शुरू करें।

- सुबह अपना फ़ोन चेक करने से पहले 60 सेकंड के लिए रुकें।

- दोपहर के भोजन के बाद 2 मिनट के लिए स्थिर बैठें, बस पेड़ों को, या पंखे को देखते हुए।

- सोने से पहले 3 मिनट के लिए अपनी आँखें बंद करें, कोई संगीत नहीं, कोई रोशनी नहीं, बस आप।

ये छोटे नहीं हैं।
ये पवित्र प्रवेश हैं, खुद में वापस आने के लिए।

2. अपने दिन में एक शांत पॉकेट बनाएं

एक गतिविधि चुनें जहाँ आप खामोशी को अपने साथ शामिल होने देंगे।

- बर्तन धोना
- दुकान तक चलना
- पौधों को पानी देना
- बालकनी में चाय पीना
- इसे सामग्री से न भरें।
  बस रहें।
  यह खोया हुआ समय नहीं है, यह हासिल की गई उपस्थिति है।

3. शोर को धीरे से हटाएँ

खामोशी हमेशा कुछ न करने के बारे में नहीं होती।
कभी-कभी यह कम चुनने के बारे में होती है।

- भोजन के दौरान पृष्ठभूमि में चल रहा टीवी बंद कर दें।

- दिन में 1-2 घंटे के लिए अपना फ़ोन साइलेंट पर रखें।

- गहरा काम करते समय या किसी प्रियजन से बात करते समय "डू नॉट डिस्टर्ब" मोड का उपयोग करें।

आप जितना कम शोर अंदर आने देंगे,
आपका दिमाग उतना ही स्पष्ट रूप से सोचना... और महसूस करना शुरू करेगा।

4. एक साझा खामोशी को आदत बनाएं

अपने परिवार या साथी को स्थिरता में आमंत्रित करें।

- सप्ताह में एक बार एक शांत भोजन।
- छत पर अगल-बगल बैठे 10 मिनट।
- बिना किसी डिवाइस के सुबह की चाय।

करीब महसूस करने के लिए आपको शब्दों की ज़रूरत नहीं है।
आपको बस विकर्षण के बिना उपस्थिति की ज़रूरत है।

- **खामोशी को नींद की तरह मानें, आवश्यक, वैकल्पिक नहीं** हम अपने नींद के समय का बचाव करते हैं।

हमें अपनी खामोशी के समय को भी उसी तरह सुरक्षित रखना चाहिए। यहां तक कि 20 मिनट की सच्ची खामोशी भी आपके तंत्रिका तंत्र को रीसेट कर सकती है, आपके ध्यान को मजबूत कर सकती है और आपके मूड को बेहतर बना सकती है।
खामोशी जीवन से ब्रेक नहीं है।
यह एक अधिक शांत जीवन का द्वार है।

खामोशी के बारे में 10 आत्मिक अनुस्मारक

- खामोशी शून्यता नहीं है। यह वह जगह है जहाँ आपके सत्य को अंततः बोलने के लिए जगह मिलती है।

- आप शांति से नहीं डरते, आप डरते हैं कि आप उसके भीतर क्या महसूस कर सकते हैं। और यह ठीक है।

- स्थिरता समय बर्बाद करना नहीं है। यह उसे पुनः प्राप्त करना है।

- आपके दिमाग को अधिक जानकारी की ज़रूरत नहीं है, इसे कुछ न करने के पलों की ज़रूरत है।

- शांति सब कुछ खत्म करने से नहीं आती। यह अंततः रुकने से आती है।

- हर संचार को शब्दों की ज़रूरत नहीं होती। कुछ सबसे गहरे बंधन साझा खामोशी में बनते हैं।

- खामोशी अकेलेपन का संकेत नहीं है। यह गहरे संबंध का द्वार है, अपने आप से और दूसरों से।

- उस शोर को छोड़ दें जिसका आप अपने दिल से बचने के लिए उपयोग कर रहे हैं। यह धैर्यपूर्वक इंतजार कर रहा है।

- आज की दुनिया में दिन में सिर्फ एक मिनट की शुद्ध खामोशी भी एक क्रांति है।

- आपको आराम कमाने की ज़रूरत नहीं है। आप शांति के हकदार पैदा हुए थे।

खामोशी में घर लौटना

खामोशी वह जगह नहीं है जहाँ आप जाते हैं।
यह वह जगह है जहाँ से आप आए हैं।
और वह जगह जहाँ आप लौटेंगे, जब सारा शोर अपना काम कर चुका होगा।
जन्म और मृत्यु के बीच,
ईमेल और समय-सीमा के बीच,
रील्स और जवाबों के बीच,
आपको हमेशा एक दरवाजा मिलेगा।
एक नरम, शांत दरवाजा।
और जब आप इसे खोलेंगे,
आप खुद को पाएंगे।

इस दुनिया ने आपको जोरदार होना सिखाया।
जल्दी जवाब देना।
हमेशा "ऑन" रहना।
लेकिन जीवन... शोर में नहीं बढ़ता।
यह स्थिरता में बढ़ता है।
जैसे मिट्टी के नीचे बीज।
जैसे अंधेरे में तारे।
जैसे प्यार जिसे लगातार शब्दों की ज़रूरत नहीं होती।
तो आज,
खामोशी को अपना दुश्मन न बनने दें।
इसे अपना लंगर बनने दें।
उसके साथ बैठें।
कुछ भी ठीक करने के लिए नहीं।
भागने के लिए नहीं।
बस साँस लेने के लिए।
क्योंकि खामोशी वह जगह है जहाँ:
आपका दिमाग जगह पाता है।
आपका दिल लय पाता है।

और आपकी आत्मा दिशा पाती है।

आपको रातोंरात अपना जीवन बदलने की ज़रूरत नहीं है।

बस उन पलों पर ध्यान देना शुरू करें जब आप शांति से भागते हैं।

और उन पलों में... रुकें।

आप अपनी ही साँस की गूँज सुनेंगे।

अपने भूले हुए सपनों का कोमल दर्द।

वह शांति जिसे आप हजारों टैब में खोज रहे थे।

और शायद, बस शायद,

आप मुस्कुराएंगे, क्योंकि आपको एहसास होगा:

आपने कभी खामोशी को नहीं खोया।

आपने बस उसमें घर आना बंद कर दिया था।

अध्याय 6: "दृश्यमान" बने रहने का दबाव

लेंस के लिए जिया गया जीवन
आप सूर्यास्त के सामने खड़े हैं।
यह सुंदर है। शांत है। वास्तविक है।
लेकिन आपका पहला विचार इसे महसूस करना नहीं है।
यह इसे कैप्चर करना है।
इसे अपलोड करना है।
किसी और के कहने का इंतजार करना है कि यह सुंदर है... इससे पहले कि आप खुद को यह मानने की अनुमति दें कि यह है।
डिजिटल दृश्यता के युग में आपका स्वागत है।
जहाँ अगर यह पोस्ट नहीं किया गया, तो यह हुआ ही नहीं।
जहाँ हमारा मूल्य चुपचाप आईने से... स्क्रीन में चला जाता है।
जहाँ हमें लगातार देखा जाता है, फिर भी हम शायद ही कभी वास्तव में देखे जाने का अनुभव करते हैं।

हम हमेशा ऐसे नहीं थे।
एक समय था जब हम रिकॉर्ड किए बिना नाचते थे, फिल्टर के बिना हँसते थे, दर्शकों की ज़रूरत के बिना रोते थे
लेकिन आज?
हम यादें बनाने से पहले ही उन्हें एडिट करते हैं।

हम उन पलों के लिए तालियाँ चाहते हैं जिनका हम पूरी तरह से आनंद भी नहीं लेते।
और कहीं गहराई में... हम प्रदर्शन और जीने के बीच का अंतर भूलने लगते हैं।

देखे जाने की ज़रूरत

मुझे रिया के बारे में बताता हूँ।
वह 19 साल की है, जयपुर की एक कॉलेज छात्रा।
उसका इंस्टाग्राम चमकदार है , सुंदर रील्स, सही कपड़े, मुस्कुराती हुई सेल्फी।
लेकिन एक रात, वह टूट जाती है और अपनी सहेली से कहती है,
"मैं ठीक महसूस करने के लिए पोस्ट करती हूँ... लेकिन जब कोई प्रतिक्रिया नहीं देता तो मुझे और बुरा लगता है।"
वह घमंडी नहीं है।
वह नकली नहीं है।
वह बस एक ऐसे सिस्टम में फँसी हुई है जिसने उसे सिखाया:
महत्वपूर्ण होने के लिए आपको देखा जाना चाहिए।

शामिल होने के लिए आपको प्रदर्शन करना चाहिए।
वह सिस्टम अब हम सभी के अंदर रहता है।

वह माँ जो हर बार खाना बनाने के बाद पोस्ट करती है, दिल मिलने की उम्मीद में क्योंकि घर पर कोई उसे धन्यवाद नहीं देता।

वह युवा लड़का जो रोज़ जिम की तस्वीरें साझा करता है, इसलिए नहीं कि उसे गर्व है, बल्कि इसलिए कि उसे गायब होने का डर है।
वह इन्फ्लुएंसर जो चिंता में भी मुस्कुराता है, क्योंकि "इंगेजमेंट" भावना से ज़्यादा मायने रखती है।

यह सिर्फ डिजिटल जीवन नहीं है। यह डिजिटल अस्तित्व है।
लेकिन यहाँ दर्दनाक सच्चाई है:
हम जितना ज़्यादा दृश्यमान होने की कोशिश करते हैं...
...उतना ही हम अंदर से अदृश्य महसूस करने लगते हैं।
क्योंकि लाइक्स तो आ सकते हैं
लेकिन वे कभी आपके दिल के उन शांत हिस्सों को नहीं भरते जो वास्तविक संबंध के लिए तरसते हैं।
मनोवैज्ञानिक इसे वैलिडेशन लूप कहते हैं , एक ऐसा चक्र जहाँ दिमाग का आदी हो जाता है:
तत्काल प्रतिक्रियाओं का।
बाहरी प्रशंसा का।

डोपामाइन हिट्स का जो "देखे जाने" से आते हैं, "महसूस" होने से नहीं।

और सभी नशों की तरह, इसका नशा भी जल्दी उतर जाता है।
जो बचता है वह एक बढ़ता हुआ खालीपन होता है, जो नई सामग्री से ढका होता है।
देखे जाने की चाहत रखने के लिए आप कमजोर नहीं हैं।
हर इंसान को पहचान की ज़रूरत होती है।
लेकिन जब हमारा मूल्य दृश्यता से जुड़ जाता है,
हम अपनी ही नज़रों में छोटे होने लगते हैं, भले ही हम दूसरों की नज़रों में वायरल हो जाएँ।

डोपामाइन ट्रैप, हम क्यों नज़रें नहीं हटा सकते
आइए बात करते हैं कि जब कोई आपकी तस्वीर को लाइक करता है तो वास्तव में क्या होता है।
एक छोटा लाल दिल दिखाई देता है।

एक संख्या बढ़ जाती है।
आपका दिमाग रोशनी से जगमगा उठता है, रूपक में नहीं, बल्कि शाब्दिक रूप से।
वह लाल आइकॉन डोपामाइन को छोड़ता है, वह "अच्छा महसूस कराने वाला" रसायन।
वही जो आपको चीनी, प्रशंसा, यहाँ तक कि एक छोटा खेल जीतने से मिलता है।
और सभी पुरस्कारों की तरह, दिमाग इसका पीछा करना शुरू कर देता है।
लेकिन यहाँ मोड़ है:
डोपामाइन सिर्फ खुशी पर प्रतिक्रिया नहीं करता।
यह प्रत्याशा पर प्रतिक्रिया करता है।
तो लाइक आने से पहले ही, आपका दिमाग पहले से ही गूँज रहा होता है।
"क्या किसी ने मेरी स्टोरी देखी?"
"उसने कमेंट क्यों नहीं किया?"
"क्या मुझे वह पोस्ट डिलीट कर देना चाहिए?"
"शायद अगर मैं शाम 6 बजे फिर से साझा करूँ, तो ज़्यादा लोग इसे देखेंगे..."
यह लगातार चेक करना, इंतजार करना, और ज़रूरत महसूस करना...
यह आपकी कमजोरी नहीं है।
यह आपकी जीव विज्ञान है, जो एल्गोरिदम द्वारा डिज़ाइन किए गए लूप में फँसी हुई है।

मुझे अंकित से मिलवाता हूँ।
वह 28 साल का है, नोएडा में एक फ्रीलांस डिजाइनर है।
उसका एक पोस्ट अप्रत्याशित रूप से वायरल हो गया।
हजारों लाइक्स, सैकड़ों कमेंट्स। वह दो दिनों तक दुनिया के शीर्ष पर महसूस कर रहा था।
फिर खामोशी।

अगले हफ्ते कोई वायरल पोस्ट नहीं। कोई उछाल नहीं।
उसने कहा,
"ऐसा लगा जैसे मैं अब अस्तित्व में ही नहीं हूँ।
जैसे मुझे प्रासंगिक बने रहने के लिए कुछ बड़ा करना होगा।"
यही जाल है।
जो कभी एक पुरस्कार जैसा लगता था, अब एक मांग बन जाता है।
और जब डोपामाइन रुकता है, तो उसके बजाय क्या आता है?

- बेचैनी
- असुरक्षा
- कड़ी मेहनत के रूप में प्रच्छन्न आत्म-संदेह

कुछ भी पोस्ट करने की ज़रूरत, बस फिर से जीवित महसूस करने के लिए

आपका दिमाग, जो कभी प्रकृति, स्पर्श, कविता या शांति से जगमगाता था
अब मीट्रिक्स पर चलता है।
और इससे भी बुरा क्या है?
आप ध्यान को स्नेह के साथ भ्रमित करने लगते हैं।
दृश्यता को मूल्य के साथ।
लेकिन आइए ईमानदार रहें, इसमें आपकी गलती नहीं है।
ये प्लेटफ़ॉर्म आपको आकर्षित रखने के लिए बनाए गए थे।
हर स्क्रॉल का अध्ययन किया जाता है। हर ठहराव को ट्रैक किया जाता है। हर प्रतिक्रिया को मुद्रीकृत किया जाता है।
आप सिर्फ एक उपयोगकर्ता नहीं हैं।
आप उत्पाद हैं।
और आपका ध्यान... मुद्रा है।
फिर भी आपके भीतर, अभी भी एक हिस्सा है जिसे याद है:

- बिना साझा किए एक पल का आनंद लेना कैसा लगता था।
- बिना प्रसारित किए प्यार करना क्या मतलब रखता था।
- खुशी कैसी महसूस होती थी जब वह फिल्टर्ड, नियोजित या समयबद्ध नहीं थी।

आपका वह हिस्सा?
वह अभी भी वहीं है।
वह बस थक गया है।
प्रदर्शन करने से थक गया है।
देखे जाने का इंतजार करने से थक गया है।
वह शांति चाहता है, लोकप्रियता नहीं।
वह सच्चाई चाहता है, प्रवृत्ति नहीं।

स्क्रीन के पीछे की कहानियाँ

रश्मि (वह गृहिणी जिसे अदृश्य महसूस होता था)
रश्मि 42 साल की है। इंदौर में रहती है।
उसके दिन खाना बनाने, सफाई करने, देखभाल करने में बीतते हैं।
कोई छुट्टियाँ नहीं। कोई सराहना नहीं। बस दिनचर्या।
एक दिन, उसने अपनी घर की बनी थाली की एक तस्वीर पोस्ट की , रंगीन, पूरी, उसके बगल में एक छोटा दीया।
उसे 11 लाइक्स मिले। 2 कमेंट्स।
लेकिन उसके लिए... यह एक धड़कन थी।
वह उस दिन पहली बार मुस्कुराई।
उसने प्रभावित करने के लिए पोस्ट नहीं किया।
उसने देखे जाने के लिए पोस्ट किया।

लेकिन जब उसके अगले पोस्ट, उसके बगीचे की एक तस्वीर को ध्यान नहीं मिला, तो उसे अंदर कुछ कसने लगा।
"शायद मैं पर्याप्त दिलचस्प नहीं हूँ," उसने सोचा।
और इस तरह धीरे-धीरे, अनजाने में, मान्यता केवल एक इच्छा नहीं, बल्कि एक ज़रूरत बन जाती है।

जैद (वह छात्र जो लॉग आउट नहीं कर सका)
जैद 20 साल का है, हैदराबाद में अपने कॉलेज के दूसरे साल में है।
वह स्मार्ट, संवेदनशील और मज़ेदार है। लेकिन ऑनलाइन, वह कोई और बन जाता है , ज़्यादा जोरदार , ज़्यादा चमकीला , लगभग हताश ।
हर बार जब वह एक रील पोस्ट करता है, तो वह व्यू काउंट को ऐसे देखता है जैसे यह उसके आत्म-मूल्य का स्कोरबोर्ड हो।
जब एक रील फ्लॉप हो गई, तो उसने रात का खाना नहीं खाया।
जब एक और ने 10 हज़ार व्यूज पार किए, तो वह नशे से सो नहीं पाया।
वह जानता है कि यह वास्तविक नहीं है।
लेकिन उसे यह भी नहीं पता कि कैसे रुकें।
"अगर मैं पोस्ट नहीं करता, तो मुझे लगता है कि मैं अस्तित्व में ही नहीं हूँ," उसने एक बार फुसफुसाया।
"दृश्यमान" बने रहने की यही कीमत है , आप अपने ही जीवन से गायब होने लगते हैं।

सोनल (वह इन्फ्लुएंसर जो महसूस करना भूल गई)
सोनल 26 साल की है। मुंबई में रहती है। उसके 800K फॉलोअर्स हैं।
वह हर रील में मुस्कुराती है।
हर फ्रेम में चमकती है।
लेकिन एक शाम, वह आईने के सामने बैठी और रो नहीं पाई।
इसलिए नहीं कि वह नहीं चाहती थी।
बल्कि इसलिए कि उसे अब यह नहीं पता था कि कैसे रोते हैं।
हर भावना सामग्री बन गई थी।

हर भावना को पैकेज किया जाना था, ब्रांडेड किया जाना था, साझा किया जाना था।

उसने कहा,

"मुझे नहीं पता कि मेरा क्या है। मेरी उदासी, मेरी खुशी, यहाँ तक कि मेरी खामोशी... यह सब स्क्रीन से संबंधित लगता है।"

आप शायद एक इन्फ्लुएंसर न हों।

लेकिन शायद आपने कुछ बहुत व्यक्तिगत पोस्ट किया हो... और प्रतिक्रियाओं के लिए पूरे दिन इंतजार किया हो।

शायद आपने खुशी साझा की हो... और उसके तुरंत बाद खालीपन महसूस किया हो।

शायद आपने अपने दिन को इंगेजमेंट से मापा हो... आनंद के बजाय।

आप अकेले नहीं हैं।

ये कहानियाँ दुर्लभ नहीं हैं।

वे आम हैं, लेकिन छिपी हुई हैं।

और उन सभी को एक दर्द जोड़ता है:

प्यार पाने की ज़रूरत... "लाइक" होने की ज़रूरत के बिना।

स्पॉटलाइट के बिना अपने मूल्य को फिर से प्राप्त करना

आप प्रदर्शन करने के लिए पैदा नहीं हुए थे।

आप महसूस करने के लिए पैदा हुए थे।

साँस लेने के लिए।

पूरी तरह से अस्तित्व में रहने के लिए, तब भी जब कोई नहीं देख रहा हो।

लेकिन कहीं न कहीं, हम सब यह भूल गए।

हम यह मानने लगे कि अगर हम दृश्यमान नहीं हैं, तो हम मूल्यवान नहीं हैं।

कि अगर कोई प्रतिक्रिया नहीं देता, तो हम मायने नहीं रखते।

कि अगर हम टाइमलाइन से गायब हो जाते हैं, तो हम याददाश्त से गायब हो जाते हैं।

लेकिन यहाँ वह सच्चाई है जो आपको आज सुनने की ज़रूरत है:
आपका मूल्य आपकी दृश्यता से कोई लेना-देना नहीं रखता।
एक गहरे जंगल में एक पेड़ की कल्पना करें।
यह अपनी वृद्धि की तस्वीरें पोस्ट नहीं करता।
यह हर बार फूलने पर ट्वीट नहीं करता।
और फिर भी, यह बढ़ता है।
यह छाया देता है। यह फल देता है। यह पृथ्वी को थामे रखता है।
वह आप हैं।
तब भी जब कोई ताली नहीं बजाता, आप बन रहे हैं।

मुझे आपको याद दिलाता हूँ:
आपने जो सबसे अच्छी हँसी हँसी है, वह कभी पोस्ट नहीं की गई।
आपकी सबसे उपचारक बातचीत हैशटैग के साथ नहीं आई।
जिस दिन आप सबसे ज़्यादा जीवित थे... शायद उसका कोई डिजिटल निशान नहीं है।
और फिर भी वह वास्तविक था।
ऐसा इसलिए है क्योंकि जीवन का उद्देश्य प्रदर्शन करना नहीं है , इसका उद्देश्य जीना है।
तो हम अपने मूल्य को कैसे पुनः प्राप्त करें?
सब कुछ डिलीट करके नहीं।
गायब होकर नहीं।
बल्कि धीरे-धीरे एक ऐसा जीवन बनाकर जिसे सार्थक होने के लिए दर्शकों की ज़रूरत न हो।
यहाँ कैसे:

- पोस्ट करने से पहले रुकें। पूछें: “क्या मैं इसे व्यक्त करने के लिए साझा कर रहा हूँ... या अनुमोदित होने के लिए?”

- निजी तौर पर जश्न मनाएं। आपको हर खुशी को महसूस करने के लिए उसका दस्तावेजीकरण करने की ज़रूरत नहीं है।

- खुद को मान्य करें। लिखें कि आपको किस पर गर्व है , भले ही कोई और इसे न देखे।

- खुशी के लिए बनाएं, सिर्फ पहुँच के लिए नहीं। पेंट करें, लिखें, नाचें, बोलें, लाइक्स के लिए नहीं, बल्कि जीवन के लिए।

- किसी के साथ पूरी तरह से मौजूद रहें, दुनिया को दिखाने की ज़रूरत के बिना।

आपको एक नरम जीवन जीने की अनुमति है।
एक गहरा जीवन ।
एक सुंदर जीवन जिसे एल्गोरिथम कभी पुरस्कृत नहीं कर सकता
लेकिन आपकी आत्मा पहचानेगी।

भावनात्मक बुलेट पॉइंट्स, वास्तविक मूल्य के बारे में सत्य

- आपको मूल्यवान होने के लिए दृश्यमान होने की ज़रूरत नहीं है। एक बंद फूल भी खिलता है। एक तारा भी खामोशी में चमकता है।

- आपके जीवन के सबसे अनमोल हिस्से ट्रेंड नहीं करेंगे, वे बस आपकी आत्मा को छूएंगे। एक देर रात का रोना। अपनी माँ के साथ एक शांत भोजन। अकेले एक लंबी सैर। कोई लाइक्स नहीं। बस जीवन।

- हर बार जब आप पोस्ट करने की इच्छा का विरोध करते हैं, तो आप अपने आप का एक हिस्सा पुनः प्राप्त करते हैं।आपको याद आता है कि उपस्थित रहना कैसा लगता है... प्रदर्शन करना नहीं।

- बाहरी मान्यता चीनी की तरह है, यह एक उत्सुकता देती है, फिर आपको खाली छोड़ देती है। लेकिन आत्म-सम्मान? वह रहता है। वह ठीक करता है। वह रहता है।

- आप दुनिया का मनोरंजन करने के लिए पैदा नहीं हुए थे। आप इसका अनुभव करने के लिए पैदा हुए थे। हवा महसूस करें। बारिश पीएं। बिना फिल्टर के जिएं।

- वास्तविक आत्मविश्वास उन पलों में बनता है जिन्हें कोई नहीं देखता। यह शांत कमरों में, बिना पढ़े हुए पत्रिकाओं में, उन दयालुता के कार्यों में बढ़ता है जिन पर किसी का ध्यान नहीं जाता।

- आप सामग्री नहीं हैं। आप चेतना हैं। एक स्क्रीन आपका चेहरा कैद कर सकती है, लेकिन आपका सार नहीं।

- आपको बिना किसी घोषणा के आराम करने, पीछे हटने और रीचार्ज करने की अनुमति है। हर बार जब आप अपनी आत्मा की देखभाल के लिए ऑफलाइन जाते हैं, तो ब्रह्मांड चुपचाप ताली बजाता है।
- आपकी उपस्थिति एक उपहार है, तब भी जब उसे क्यूरेट नहीं किया जाता। आप स्वेटपैंट में, खामोशी में, अपनी कच्ची अवस्था में पर्याप्त हैं।

- अगर आप ऑनलाइन अनदेखे महसूस करते हैं, तो याद रखें: आईना आपको देखता है। आपकी साँस आपको देखती है। आपका सत्य आपको देखता है। और यह पर्याप्त से ज़्यादा है।

जब ऑनलाइन उपस्थिति आत्मा को सुखा देती है

एक अलग तरह की थकान है जिसके बारे में कोई बात नहीं करता।
यह शारीरिक नहीं है।
यह ज़्यादा काम करने से नहीं है।
यह हमेशा दृश्यमान होने की ज़रूरत की थकान है।
मुस्कुराना जब आपका मन नहीं करता।
ऑनलाइन दिखना जब आपका दिल छिपना चाहता है।
"उपलब्ध" रहना तब भी जब आपकी आत्मा आराम मांग रही हो।
यह आलस्य नहीं है।
यह डिजिटल थकान है, हर किसी के लिए मौजूद रहने की कोशिश का शांत दर्द... खुद को छोड़कर।

मुझे दीपिका के बारे में बताता हूँ।
वह 31 साल की है। पुणे में एक स्कूल शिक्षिका है।
वह कविताएँ लिखती थी, वास्तविक, कच्ची, आत्मा से।
अब, वह तभी लिखती है जब उसे लगता है कि इसे साझा किया जा सकता है।
वह अपने ही शब्दों को एक आलोचक की तरह पढ़ती है:
“बहुत लंबा? बहुत दुखद? बहुत सरल? क्या यह सेव होगा या स्किप?”
उसने एक दिन मुझसे कहा,
"मैं हर समय थकी हुई महसूस करती हूँ। और सबसे बुरा हिस्सा?
मैंने कुछ भी गलत नहीं किया है।"
यही डिजिटल थकान है।
आप आलसी नहीं हैं।

आप अति-उत्तेजित हैं।
तब भी जब आप पोस्ट नहीं कर रहे होते, आपका दिमाग प्रदर्शन कर रहा होता है।
क्या मुझे अभी जवाब देना चाहिए या इंतजार करना चाहिए?
क्या मुझे वापस कमेंट करना चाहिए या क्या वह जरूरतमंद लगेगा?
क्या मुझे यह रील स्किप करनी चाहिए या क्या मैं कुछ ट्रेंडिंग मिस कर जाऊँगी?
दिमाग सतर्क रहता है। तंत्रिका तंत्र जुड़ा रहता है।
और धीरे-धीरे, खामोशी में भी, आपको अब शांत महसूस नहीं होता।
आप बिस्तर पर लेटे हैं।
स्क्रीन बंद है।
लेकिन आपके विचार अभी भी ऑनलाइन हैं।
"क्या मैंने बहुत ज़्यादा कह दिया?"
"क्या उन्होंने मेरी स्टोरी देखी?"
"उसने मुझे अनफॉलो क्यों किया?"
आराम में भी, आपकी पहचान अभी भी प्रबंधित की जा रही है।
और सबसे बुरा हिस्सा? आप भूलने लगते हैं:

- बिना दबाव के बनाना कैसा लगता है।
- बिना सबूत के आनंद लेना।
- बस होना... लाइक होने की ज़रूरत के बिना।

लेकिन यहाँ वह है जो कोई आपको नहीं बताता:
आपको गायब होने की ज़रूरत नहीं है।
आपको सब कुछ डिलीट करने की ज़रूरत नहीं है।
आपको बस खुद को भावनात्मक रूप से अनप्लग करने की अनुमति देने की ज़रूरत है।

क्योंकि जब आप दुनिया के लिए दिखना बंद कर देते हैं...
आप अपने लिए दिखना शुरू कर देते हैं।
आप वजन हल्का होते हुए महसूस करते हैं।
आप अपनी आवाज़ वापस आते हुए महसूस करते हैं।
आप अपने विचारों को सुनना शुरू करते हैं, दूसरों की प्रतिध्वनि को नहीं।
आपके लिए शांति इंतजार कर रही है।
किसी जगह में नहीं। किसी ऐप में नहीं।
बल्कि उस शांत पल में जहाँ आप अब प्रदर्शन नहीं कर रहे हैं।
वह खामोशी?
वह शून्यता नहीं है।
वह आपकी आत्मा है... साँस ले रही है।

ऑफ़लाइन अप्रचलित नहीं है, वास्तविक क्षण अभी भी ठीक करते हैं

ऐसा लग सकता है कि दुनिया आगे बढ़ गई है।
कि अगर आप ऑनलाइन नहीं हैं, तो आप कुछ मिस कर देंगे।
कि अगर आप पोस्ट नहीं कर रहे हैं, तो आप पीछे छूट रहे हैं।
कि ऑफलाइन पुराना हो गया है।
लेकिन यहाँ वह है जो आपको जानने की ज़रूरत है
वास्तविक जीवन अभी भी ठीक करता है।
यह हमेशा से करता रहा है। यह हमेशा करेगा।
क्या आपको याद है कि आपने आखिरी बार कब हँसा था, वास्तव में हँसा था उसे रिकॉर्ड किए बिना?
शायद यह किसी दोस्त के साथ चाय पर था।
या अपने पालतू जानवर को कुछ मूर्खतापूर्ण करते हुए देखते हुए।
या शायद... रविवार दोपहर को पंखे के नीचे लेटे हुए, अपने भाई-बहन के साथ बस बकवास बातें करते हुए।

कोई फिल्टर नहीं। कोई "सामग्री" नहीं।
बस संबंध ।

मुझे नीतू के बारे में बताता हूँ।
वह 36 साल की है, लखनऊ के पास एक छोटे से शहर की गृहिणी है।
उसके पास इंस्टाग्राम नहीं है। उसे नहीं पता कि "ट्रेंडिंग ऑडियो" का क्या मतलब है।
लेकिन हर शाम, वह अपने बेटे के साथ छत पर नंगे पैर चलती है, सूर्यास्त देखती है।
कोई तस्वीरें नहीं।
बस खामोशी और दूर मंदिर की घंटियों की आवाज।
वह कहती है कि तभी उसके सिरदर्द चले जाते हैं।
तभी उसे सबसे ज़्यादा जीवित महसूस होता है।
उसे मान्यता की ज़रूरत नहीं है।
क्योंकि उसके पास उपस्थिति है।
हम अक्सर सोचते हैं कि अगर हम ऑफलाइन हो गए तो हम पीछे छूट जाएंगे।
लेकिन सच्चाई यह है कि हमने ऑनलाइन रहने की कोशिश में बहुत कुछ पीछे छोड़ दिया है।

- धीरे-धीरे एक किताब पढ़ने का आनंद।
- किसी के साथ खामोशी में बैठने की शांति।
- एक बोर्ड गेम खेलने का जादू, एक साथ खाना बनाना, पुरानी कहानियों पर हँसना।

ये चीजें "एक्सपायर" नहीं होतीं।
उन्हें अपडेट की ज़रूरत नहीं होती।
वे शाश्वत हैं। क्योंकि वे वास्तविक हैं।
आपको पहाड़ों में जाने की ज़रूरत नहीं है।
आपको डिजिटल डिटॉक्स रिट्रीट की ज़रूरत नहीं है।

आपको बस हर दिन कुछ पवित्र मिनटों की ज़रूरत है जहाँ आपका फ़ोन दूर हो...
...और आपकी आत्मा घर पर हो।
एक दीया जलाएं।
बिना किसी विकर्षण के चाय बनाएं।
एक भोजन बिना स्क्रॉल किए खाएं।
बारिश को अपनी खिड़की से टकराते हुए देखें उसे रिकॉर्ड किए बिना।
इन पलों को असाझा लेकिन अविस्मरणीय रहने दें।
क्योंकि भले ही कोई इसे न देखे,
आपका दिल देखेगा।
और उस खामोशी में, आप याद करना शुरू कर देंगे:
ऑफलाइन पुराना नहीं हुआ है।
यह बस... कम आंका गया है।

मायने रखने की इच्छा, बिना हमेशा देखे जाने के

हम सभी के भीतर कहीं गहराई में,
एक आवाज़ चुपचाप फुसफुसाती है:
“मुझे उम्मीद है कि मैं मायने रखता हूँ।”
लाखों लोगों के लिए नहीं।
अजनबियों के लिए नहीं।
लेकिन किसी के लिए।
किसी चीज़ के लिए।
खुद के लिए।
यह प्रसिद्धि के बारे में नहीं है।
यह अर्थ के बारे में है।
हम जानना चाहते हैं कि हमारी उपस्थिति एक निशान छोड़ती है।
कि हमारे दिन सिर्फ खपत नहीं हुए, वे महसूस किए गए।

कि हमारी खुशी किसी तक पहुँची।
कि हमारा दर्द समझा गया।
कि हमारी कहानी... अस्तित्व में थी।
लेकिन दुनिया ने हमें विश्वास दिलाया:
मायने रखने के लिए, आपको देखा जाना चाहिए।
देखे जाने के लिए, आपको जोरदार होना चाहिए।
जोरदार होने के लिए, आपको ऑनलाइन रहना चाहिए।
और इस तरह, हमने प्रदर्शन करना शुरू कर दिया।
हमने सार्वजनिक रूप से अपना मूल्य साबित करना शुरू कर दिया।
हमारे जीवन के सबसे अंतरंग हिस्से भी, यह सबूत बन गए कि हम "अच्छी तरह से जी रहे हैं।"

मुझे अफसाना के बारे में बताता हूँ।
वह 24 साल की है, कोलकाता में रहती है, और हाल ही में उसने एक हफ्ते के लिए अपने सोशल अकाउंट्स डिलीट कर दिए।
इसलिए नहीं कि वह दूसरों से थक गई थी
बल्कि इसलिए कि वह खुद से थक गई थी।
उसने कहा,
"तब भी जब मैं पोस्ट नहीं कर रही थी, मैं मानसिक रूप से खुद को क्यूरेट कर रही थी।
मैंने अपने जीवन को एक कैप्शन की तरह सोचना शुरू कर दिया।
मैं यह सोचे बिना नहीं रो सकती थी कि टाइप करने पर यह कैसा लगेगा।"
तभी उसे एहसास हुआ
वह अपना जीवन नहीं जी रही थी।
वह उसे एडिट कर रही थी, लगातार। दूसरों के लिए।
लेकिन क्या होगा अगर आप तब भी मायने रख सकें...
बिना स्पॉटलाइट के?
क्या होगा अगर आपका मूल्य आपकी दृश्यता में नहीं है,
बल्कि उस अदृश्य तरीके से है जिससे आप लोगों को छूते हैं?

जैसे आपका बच्चा आपको कैसे देखता है जब आप उन्हें दोपहर का भोजन परोसते हैं।
जैसे आपके एक विचारशील टेक्स्ट के बाद आपके दोस्त का मूड कैसे ठीक हो जाता है।
जैसे आपकी उपस्थिति में पौधे कैसे खिलते हैं,
भले ही आप इसके बारे में कुछ भी पोस्ट न करें।
आप अभी भी दुनिया तक पहुँच रहे हैं
तब भी जब आप ऑफलाइन हैं।
खासकर तब।
आपको देखे जाने से अपना मूल्य साबित करने की ज़रूरत नहीं है।
आपका अस्तित्व पहले से ही एक लहर है।
खामोशी में भी।
छाया में भी।
तब भी जब कोई ताली नहीं बजाता।
आप मायने रखते हैं क्योंकि आप साँस लेते हैं।
क्योंकि आप अपने लोगों के लिए उपस्थित होते हैं।
क्योंकि आप गहराई से महसूस करते हैं।
क्योंकि आपकी दयालुता पलों पर उंगलियों के निशान छोड़ती है।

सॉफ्ट एग्जिट, पहले खुद को देखे जाने का चुनाव

अब आप रुक सकते हैं।
भागना बंद करें।
पहुँचना बंद करें।
किसी और की प्रतिक्रिया में अपना चेहरा खोजने के लिए अपनी फ़ीड को रीफ्रेश करना बंद करें।
आप हमेशा खुद को दिखाई देते रहे हैं।

और अब, शायद... वह आखिरकार पर्याप्त है।
दबाव को पिघलने दें।
पसंद किए जाने की धुन को उपस्थिति में घुलने दें।
"ज्ञात" होने की ज़रूरत को थोड़ी देर आराम करने दें, और कुछ गहरा के लिए जगह बनाएं:
खुद को जानने के लिए।
अपनी ही आँखों से देखे जाने के लिए।
आज रात यह आज़माएँ:
अपना फ़ोन उल्टा रखें।
आईने के सामने खड़े हों , न्याय करने के लिए नहीं, पोज देने के लिए नहीं।
बस देखने के लिए।
अपने चेहरे को देखें।
अपनी त्वचा को।
अपनी आँखों को।
और फुसफुसाएँ,
"मैं अभी भी यहाँ हूँ। स्क्रीन के बिना भी। तालियों के बिना भी।"
यह... वास्तविक दृश्यता है।
वह जिसे कोई एल्गोरिथम माप नहीं सकता।
वह जिसे कोई दर्शक परिभाषित नहीं कर सकता।
वह जिसे कोई प्लेटफॉर्म छीन नहीं सकता।
आप गायब नहीं हो रहे हैं।
आप अपने ही जीवन में फिर से प्रकट हो रहे हैं।
जब आप देखे जाने का पीछा करना बंद कर देते हैं,
तो आप फिर से देखना शुरू कर देते हैं , आपकी साँस, आपके पल, आपकी वास्तविक दुनिया।
और वह, मेरे दोस्त, स्वतंत्रता है।
दुनिया को स्क्रॉल करने दें।
प्रवृत्तियों को बदलने दें।
दूसरों को प्रदर्शन करने दें।

आप?
आप तमाशे पर खामोशी चुन सकते हैं।
प्रदर्शन पर गहराई ।
प्रवृत्ति पर सच्चाई ।
क्योंकि आपको कभी भी एक पोस्ट बनने के लिए नहीं बनाया गया था।
आपको एक उपस्थिति बनने के लिए बनाया गया था।

दृश्यता डिटॉक्स , खुद को पुनः प्राप्त करने के लिए एक 3-दिवसीय अभ्यास

आपको अपने अकाउंट्स डिलीट करने की ज़रूरत नहीं है।
आपको गायब होने की ज़रूरत नहीं है।
आपको बस कैमरे के बिना साँस लेने की ज़रूरत है।
प्रदर्शन के बिना जीने की ज़रूरत है।
और स्पष्टीकरण के बिना आराम करने की ज़रूरत है।
यह 3-दिवसीय डिटॉक्स दुनिया से भागने के बारे में नहीं है
यह अपने आप में लौटने के बारे में है।
आइए शुरू करें।

डिजिटल खामोशी, दर्पण के बिना एक सुबह
क्या करें:
अपनी सुबह का पहला घंटा, कोई स्क्रीन नहीं।
कोई व्हाट्सएप नहीं। कोई इंस्टाग्राम नहीं। कोई इनबॉक्स नहीं।
इसके बजाय:

बाहर कदम रखें (भले ही यह सिर्फ आपकी बालकनी हो)।

रोशनी को अपने चेहरे को छूते हुए देखें।

पूरे ध्यान से चाय या कॉफी बनाएं।

एक वाक्य लिखें: “आज मैं खुद से संबंधित हूँ।”

यह क्या ठीक करता है:
यह सरल कार्य आपके तंत्रिका तंत्र को रीसेट करता है।
यह आपके शरीर को याद दिलाता है कि यह कोई उत्पाद नहीं है।
यह उपस्थिति है। और यह सुरक्षित है।

वास्तविक आँखें, वास्तविक जीवन
क्या करें:
एक गतिविधि चुनें और उसे पूरी तरह से ऑफलाइन करें।
सुझाव:

पॉडकास्ट के बिना खाना बनाएं।

अपने फ़ोन के बिना चलें।

किसी को सुनें, बिना मल्टीटास्किंग के।

किसी बच्चे या अपने पालतू जानवर के साथ खेलें, बिना कुछ भी रिकॉर्ड किए।

यह क्या ठीक करता है:
यह आपके ध्यान की मांसपेशियों को फिर से सक्रिय करता है , जिन्हें हम स्क्रॉल में खो देते हैं।

और यह "मैं वास्तव में यहाँ हूँ" की खोई हुई खुशी को फिर से जगाता है।

आईने की बातचीत
क्या करें:
एक आईने के सामने खड़े हों।
अपना फ़ोन दूर रखें।
कोई संगीत नहीं। कोई मेकअप नहीं। कोई तैयारी नहीं।
बस देखें।
न्याय करने के लिए नहीं। ठीक करने के लिए नहीं।
बस खुद को देखने के लिए।
और फिर धीरे से कहें:
"मैं यहाँ देखे जाने के लिए नहीं हूँ। मैं यहाँ जीवित रहने के लिए हूँ।"

यह क्या ठीक करता है:
हमेशा अनुमोदित होने की लालसा।
कभी पर्याप्त महसूस न करने का घाव।
और हर किसी द्वारा देखे जाने का दर्द, लेकिन किसी के द्वारा न जाने जाने का।
आपको देखे जाने के लिए 10,000 फॉलोअर्स की ज़रूरत नहीं है।
आपको सुंदर महसूस करने के लिए एक परफेक्ट सेल्फी की ज़रूरत नहीं है।
आपको क्या चाहिए...

हर दिन कुछ पवित्र क्षण
जहाँ आप खुद से देखे जाते हैं।
यही वास्तविक दृश्यता है।
और ऐसे ही आप घर आते हैं।

अध्याय 7: "और अधिक" की लत

कभी-न-पर्याप्त होने की संस्कृति

एक समय था जब लोग पर्याप्त चाहते थे।
पर्याप्त पैसा। पर्याप्त भोजन। पर्याप्त प्रशंसा। पर्याप्त शांति।
लेकिन धीरे-धीरे, "पर्याप्त" अदृश्य हो गया।
यह अस्वीकार्य हो गया।
अब, यदि आप "और अधिक" के लिए धक्का नहीं दे रहे हैं –
तो आपको आलसी कहा जाता है।
यदि आप संतुष्ट हैं, तो आपको कहा जाता है कि आपने समझौता कर लिया है।
यदि आप रुकते हैं, तो आपको पीछे छूट जाने का डर लगता है।
हम अब शांत दुनिया में नहीं रहते।
हम एक प्रदर्शन दौड़ में रहते हैं जो कभी समाप्त नहीं होती।
और सबसे डरावनी बात?
कोई हमें मजबूर नहीं कर रहा है।
हम खुद ही दौड़ रहे हैं, डर , प्रशंसा और एल्गोरिदम द्वारा संचालित।
स्वाइप ।
पोस्ट ।
हासिल ।
दोहराएँ ।

ज़्यादा पानी पियो।
तेज़ काम करो।
हर दिन पोस्ट करो।
लक्ष्य रखो।
आदतों को ट्रैक करो।
उन्हें साझा करो।
अपने कौशल को मुद्रीकृत करो।
प्रवृत्तियों के साथ बने रहो।
और कभी धीमे मत पड़ो, वरना तुम गायब हो जाओगे।
लेकिन सवाल यह है:
क्या होता है जब आपको वह सब कुछ मिल जाता है जो आपने सोचा था कि आप चाहते थे...
...और आपको अभी भी खालीपन महसूस होता है?
यहीं से इस अध्याय की शुरुआत होती है।
यह कोई बकवास नहीं है।
यह एक आईना है।
"और अधिक" के जाल में एक कोमल लेकिन गहरी नज़र।

अंतहीन भूख, अदृश्य दर्द

आपको नौकरी मिल जाती है। लेकिन जल्द ही, यह पर्याप्त नहीं होती।
आप एक मील का पत्थर पार करते हैं। लेकिन यह कुछ ही दिनों में फीका पड़ जाता है।
आप कुछ व्यक्तिगत पोस्ट करते हैं। उसे ध्यान मिलता है। लेकिन फिर भी...
आपको खालीपन महसूस होता है।
एक शांत शक्ति हम सभी का पीछा कर रही है
और यह हमेशा एक ही बात फुसफुसाती है:
"और अधिक।"

ज़्यादा लाइक्स।
ज़्यादा विकास।
ज़्यादा उत्पादकता।
ज़्यादा फॉलोअर्स।
ज़्यादा गति।
ज़्यादा शोर।
लेकिन कोई नहीं पूछता:
किस कीमत पर?
यह सिर्फ महत्वाकांक्षा नहीं है।
यह प्रेरणा नहीं है।
यह एक लत है, नरम, शांत और सामाजिक रूप से स्वीकृत।
और सबसे डरावनी बात?
यह सफलता के रूप में प्रच्छन्न है।

मुझे आरव के बारे में बताता हूँ।
वह 22 साल का है, दिल्ली का एक शीर्ष इंजीनियरिंग छात्र।
स्मार्ट, प्रेरित, हमेशा आगे।
शुरुआत में, वह सिर्फ अच्छे अंक चाहता था।
फिर, वह शीर्ष रैंक चाहता था।
फिर इंटर्नशिप।
फिर अंतर्राष्ट्रीय कॉल।
फिर लिंक्डइन पर प्रशंसा।
फिर एक स्टार्ट-अप विचार।
हर बार जब उसे वह मिला जो वह चाहता था, तो उसे अच्छा महसूस हुआ – एक पल के लिए।
फिर भूख लौट आई।
ज़्यादा मजबूत। ज़्यादा तेज़। ज़्यादा खाली।
उसने एक बार एक दोस्त से कहा था,
"मुझे तो यह भी नहीं पता कि मैं अब क्या पीछा कर रहा हूँ।

मुझे बस ऐसा लगता है कि अगर मैं धीमा हुआ तो गायब हो जाऊँगा।"
यही "और अधिक" की लत है।
यह सिर्फ आपकी ऊर्जा को खत्म नहीं करती।
यह आपकी उपस्थिति को खत्म कर देती है।
किसी भी चीज़ का आनंद लेने की आपकी क्षमता फीकी पड़ जाती है, क्योंकि आप पहले से ही अगली चीज़ के बारे में सोच रहे होते हैं।
यह सिर्फ छात्र नहीं हैं।
मुझे श्वेता से मिलवाता हूँ।
वह 34 साल की है, मुंबई की एक मीडिया फर्म में काम कर रही है।
उसे हाल ही में पदोन्नति मिली – नया पद, बड़ी टीम, ज़्यादा पैसा।
लेकिन जश्न मनाने के बजाय, उसे घबराहट महसूस हुई।
ज़्यादा उम्मीदें। ज़्यादा दृश्यता। ज़्यादा घंटे।
"कभी-कभी मुझे लगता है कि मैं एक सीढ़ी चढ़ रही हूँ...
या मैं एक ऐसे पिंजरे के अंदर दौड़ रही हूँ जिसे मैं अब छोड़ नहीं सकती।"
यह अदृश्य दबाव हम सभी के अंदर रहता है –
लगातार अपग्रेड करने, अपडेट करने, हासिल करने, विस्तार करने, तेज़ करने की खुजली।
और धीरे-धीरे, अतिभार में जीना सामान्य हो जाता है।
आराम करते समय अपराधी महसूस करना।
जब कुछ नहीं चल रहा होता तो घबराना ।
समय को केवल आउटपुट में मापना।
और फिर एक दिन,
आप क्रैश हो जाते हैं।
चुपचाप। आंतरिक रूप से।
इसलिए नहीं कि आप असफल हुए...
बल्कि इसलिए कि आपने खुद को कभी पूर्ण महसूस करने की अनुमति नहीं दी।

कभी-न-पर्याप्त के न्यूरोसाइंस

हम "और अधिक" का पीछा क्यों करते रहते हैं... तब भी जब हम जानते हैं कि यह हमें चोट पहुँचा रहा है?
हम रात 2 बजे क्यों स्क्रॉल करते हैं जब हमारी आँखें जल रही होती हैं?
हम ऐप को फिर से क्यों खोलते हैं, भले ही हमने उसे 3 मिनट पहले ही चेक किया हो?
हम कुछ ऐसा हासिल करने के बाद खाली क्यों महसूस करते हैं जो हम बेसब्री से चाहते थे?
इसका जवाब दिमाग के गहरे अंदर,
एक छोटे, शक्तिशाली रसायन में छिपा है जिसे डोपामाइन कहते हैं।
डोपामाइन को अक्सर "पुरस्कार रसायन" कहा जाता है।
लेकिन सच में, यह एक पुरस्कार नहीं है, यह एक प्रत्याशा रसायन है।
यह आपको सफलता के बाद खुशी नहीं देता।
यह आपको सफलता से पहले उत्सुकता देता है।
इसका मतलब है:

- जब आप एक लक्ष्य का पीछा करते हैं, तो डोपामाइन बढ़ता है।

- जब आपको पुरस्कार मिलता है, तो डोपामाइन गिरता है।

तो जिस पल आप कुछ हासिल करते हैं, आपका दिमाग तुरंत अगले उच्च की तलाश शुरू कर देता है।

आइए इसे एक उदाहरण से समझते हैं।
आप एक तस्वीर ऑनलाइन पोस्ट करते हैं।
→ आप इंतजार करते हैं।
→ जैसे ही आप लाइक्स की उम्मीद करते हैं, डोपामाइन बढ़ता है।
→ आपको कुछ मिलते हैं, और आप उत्साहित महसूस करते हैं।

→ लेकिन एक घंटे बाद, लाइक्स धीमे हो जाते हैं।
→ आपका डोपामाइन गिर जाता है।
→ आप असहज महसूस करते हैं।
→ तो आप फिर से पोस्ट करते हैं, या फिर से स्क्रॉल करते हैं, या ज़्यादा ध्यान चाहते हैं।
यह कमजोरी नहीं है।
यह जीव विज्ञान है।
यह वही पैटर्न है:

- खरीदारी में।
- भागदौड़ में ।
- ज़्यादा कमाने में।
- चीनी खाने में।
- फॉलोअर्स इकट्ठा करने में।
- यहाँ तक कि "विकास" का पीछा करने में भी।

हर सफलता एक अस्थायी बढ़ावा देती है, और फिर एक गिरावट।
तो आपका दिमाग कहता है:
"आइए गिरावट महसूस न करें... आइए फिर से पीछा करें!"
और इस तरह, लूप शुरू होता है:
और अधिक। और अधिक। और अधिक।
लेकिन कोई वास्तविक शांति नहीं।

मुझे राहुल के बारे में बताता हूँ।
वह 29 साल का है, टेक में काम करता है। अच्छी कमाई करता है। उसे पहचान मिली है।
लेकिन हर पदोन्नति के बाद भी, उसे एक अजीब खालीपन महसूस होता है।
अगले कुछ बड़ा करने की ज़रूरत।

उसने एक बार कहा था,
"मैं आराम नहीं करता। मैं बस लक्ष्य बदलता रहता हूँ।"
डोपामाइन की लत ऐसी ही महसूस होती है।
आप आलसी नहीं हैं।
आप बस एक ऐसे दिमाग द्वारा खींचे जा रहे हैं जिसे यह नहीं पता कि पर्याप्त महसूस कैसे करना है।
तो हम क्या कर सकते हैं?
हम अपनी जीव विज्ञान से लड़ नहीं सकते
लेकिन हम उसे धीमा करना सिखा सकते हैं।

लूप से बचना, जाने देने की वास्तविक कहानियाँ

1. अदिति: भागदौड़ से उपचार तक

अदिति 25 साल की थी, बेंगलुरु के एक स्टार्टअप में काम कर रही थी।
देर रात तक काम। अंतहीन टू-डू लिस्ट। लगातार लक्ष्य।
वह खुद को "हमेशा व्यस्त" रहने पर गर्व करती थी।
उसकी सोशल फ़ीड भागदौड़ के उद्धरणों से भरी थी:
"नींद कमजोरों के लिए है।"
"अभी काम करो, कब्र में आराम करो।"
लेकिन एक दिन, उसके शरीर ने हार मान ली।
एलिवेटर में एक पैनिक अटैक।
पसीने से भीगी हथेलियाँ। तेज़ दिल की धड़कन। तेज़ साँस लेना। उसे लगा कि वह मर रही है।
डॉक्टर ने कहा:
"आप बीमार नहीं हैं। आप बस अतिभारित हैं।"
उस शाम, वह अपनी खिड़की के पास बैठी, फ़ोन बंद। कोई लक्ष्य नहीं। कोई भागदौड़ नहीं।
बस खामोशी । बस साँस ।

यह उसे डराया।
लेकिन तीसरे दिन तक, उसे कुछ अजीब महसूस हुआ:
शांति ।
आज, अदिति अभी भी काम करती है, लेकिन धीरे, नरम, समझदारी से।
वह कहती है,
"मेरा जीवन अब प्रभावशाली नहीं लगता। लेकिन यह आखिरकार वास्तविक लगता है।"

2. इमरान: वह इन्फ्लुएंसर जो गायब हो गया

इमरान 21 साल का था, दिल्ली का एक लोकप्रिय इंस्टाग्राम क्रिएटर।
मजेदार, तेज, स्टाइलिश।
उसके वीडियो साप्ताहिक वायरल होते थे।
ब्रांड आए। फॉलोअर्स बढ़ गए।
लेकिन इमरान ने कुछ नोटिस करना शुरू किया:
वह अब खुशी महसूस नहीं कर सकता था, तब भी जब चीजें "सही" चल रही थीं।
हर पोस्ट दबाव बन गया।
हर खामोशी असफलता जैसी लगी।
एक रात, 1 मिलियन फॉलोअर्स पार करने के बाद वह अकेला रोया।
तभी उसे एहसास हुआ –
वह दुनिया के लिए दृश्यमान हो गया था... लेकिन खुद के लिए अदृश्य।
उसने 30 दिनों के लिए छोड़ दिया। कोई चेतावनी नहीं। बस गायब हो गया।
जब वह वापस आया, तो उसके पोस्ट सरल थे।
कम फिल्टर। ज़्यादा सच्चाई।
कम व्यूज, लेकिन ज़्यादा शांति।
"ऑफलाइन जाना मरने जैसा लगा," उसने कहा।
"लेकिन फिर मैंने फिर से जीना शुरू कर दिया।"

3. समीर: वह छात्र जिसने "पहला रैंक" छोड़ दिया

समीर एक क्लास टॉपर था।
उसके माता-पिता उसे "कॉलोनी में सबसे स्मार्ट" बताते थे।
लेकिन दबाव बढ़ता रहा।
एक दिन, उसने 95 के बजाय 89 अंक प्राप्त किए, और रोना बंद नहीं कर सका।
संख्या के कारण नहीं।
डर के कारण: “क्या मैं अभी भी योग्य हूँ?”
उस रात, उसने अपनी डायरी में लिखा:
"मैं सीखना चाहता हूँ... सिर्फ जीतना नहीं।"
उसने धीरे-धीरे पढ़ना शुरू किया।
सहपाठियों से बात करना। उन विषयों की खोज करना जिनसे वह वास्तव में प्यार करता था।
उसका रैंक गिरा। लेकिन उसका जीवन शुरू हो गया।
वह अब मनोविज्ञान का अध्ययन करता है और कहता है,
"पहली बार, मुझे लगता है कि मैं खुद के लिए सीख रहा हूँ, दूसरों के लिए प्रदर्शन नहीं कर रहा हूँ।"
सभी निकास को नाटकीय कार्रवाई की ज़रूरत नहीं होती।
कभी-कभी, यह एक छोटी सी फुसफुसाहट से शुरू होता है:
"मुझे और अधिक नहीं चाहिए।
मुझे पर्याप्त चाहिए।"

बुलेट पॉइंट्स, 'और अधिक' पीढ़ी के लिए सत्य

और अधिक एक गतिशील लक्ष्य है।

आप एक लक्ष्य के लिए लक्ष्य रखते हैं और जब तक आप उस तक पहुँचते हैं, दुनिया ने पहले ही फिनिश लाइन बदल दी होती है।
तो आप फिर से दौड़ते हैं। और फिर से। और फिर से।

लेकिन यहाँ सच्चाई है: और अधिक कभी खत्म नहीं होता।
और जब तक आप यह तय नहीं करते कि आपके लिए वास्तव में क्या पर्याप्त है, आप अपना पूरा जीवन किसी और के सपने का पीछा करने में बिता देंगे।

उत्पादकता योग्यता का प्रमाण नहीं है।

हम ऐसी दुनिया में रहते हैं जो तब ताली बजाती है जब आप थके हुए होते हैं, और जब आप आराम करते हैं तो सवाल उठाती है।
लेकिन आपका आराम कोई विलासिता नहीं है। यह अस्तित्व है।
वे दिन जब आप कुछ नहीं करते, जब आप बस साँस लेते हैं और मौजूद होते हैं, वे खाली नहीं होते।
वे पवित्र हैं।
क्योंकि आपकी आत्मा गति में नहीं बढ़ती। यह ठहराव में बढ़ती है।

अगर सफलता आपकी शांति की कीमत चुकाती है, तो यह बहुत महंगा है।

एक तरह की उपलब्धि है जो आपका नाम बनाती है, और एक तरह की उपलब्धि है जो आपकी आत्मा को तोड़ती है।
हममें से बहुत से लोग बर्नआउट को एक बैज की तरह पहनते हैं।
लेकिन तालियों का क्या फायदा, अगर आपका दिल भी उसके साथ ताली नहीं बजा रहा है?
उन लक्ष्यों को जाने दें जिनके लिए आपको उन्हें प्राप्त करने के लिए खुद को खोना पड़ता है।

लाइक की डोपामाइन की जल्दबाजी फीकी पड़ जाती है।

लेकिन एक शांत पल की धीमी गर्माहट, अपने पिता के साथ टहलना, अपनी माँ के साथ फ़ोन-मुक्त चाय पीना,
अपने दोस्त के साथ एक लंबी हँसी, वह रहती है।
आपको याद नहीं रहेगा कि आपकी स्टोरी किसने देखी।

लेकिन आपको हमेशा याद रहेगा कि जब आप बात करने के लिए बहुत थके हुए थे तो कौन आपके साथ बैठा था।

बिना उपचार के भागदौड़ से बर्नआउट होता है, चमक नहीं।

हम मशीन नहीं हैं। हम मानवीय कहानियाँ हैं।
दर्द से गुजरना आपको शक्तिशाली नहीं बनाता, यह आपको अंदर से शांत कर देता है।
आप दुनिया को अपनी अंतहीन ऊर्जा के लिए ऋणी नहीं हैं।
आप खुद को अपनी कोमलता, अपनी जगह, अपनी साँस के लिए ऋणी हैं।

आपको उन लोगों को प्रभावित करने की ज़रूरत नहीं है जिन्हें अगले महीने आपका नाम याद नहीं रहेगा।

यह दुनिया तेज़ी से चलती है और तेज़ी से भूल जाती है।
तो अजनबियों के लिए प्रदर्शन करना बंद करें।
अंदर की ओर मुड़ें।
आपका आंतरिक बच्चा आपके जीवन के बारे में क्या कहेगा?
क्या वे सुरक्षित महसूस करेंगे? देखे हुए? आनंदित?

आपके जीवन को सार्थक होने के लिए तेज़ होने की ज़रूरत नहीं है। इसे महसूस किया जाना चाहिए।

गति गहराई के समान नहीं है।
दौड़ने का मतलब यह नहीं है कि आप कहीं जा रहे हैं।
कभी-कभी सबसे समृद्ध क्षण सबसे धीमे होते हैं –
सूरज को डूबते हुए देखना, अपने कपड़े ध्यान से मोड़ना, खामोशी को सुनना उसे भरने की ज़रूरत के बिना।

आप पीछे नहीं छूट रहे हैं। आप अपने आप में वापस आ रहे हैं।

जब हर कोई भाग रहा होता है, तो आपकी स्थिरता विद्रोही लगती है।

लेकिन वह स्थिरता पवित्र है।
इसका मतलब है कि आपने तुलना करना बंद कर दिया है।
इसका मतलब है कि आपने अपनी गति, अपनी सच्चाई को सुनना शुरू कर दिया है।

धीमा छोटा नहीं है। स्थिरता विफलता नहीं है। खामोशी अनुपस्थिति नहीं है।
ये कमजोरी के संकेत नहीं हैं।
ये ज्ञान के संकेत हैं।
पेड़ पूरे साल नहीं खिलता। समुद्र हमेशा जंगली नहीं रहता।
आपको उतरने, रुकने, हर मौसम में "बढ़ने" की अनुमति है।
आपको बस रहने की अनुमति है।

आपको और अधिक होने के लिए अधिक की ज़रूरत नहीं है।
आपको सत्य चाहिए।
आपको साँस चाहिए।
आपको एक ऐसा जीवन चाहिए जो आपका लगे, न कि सिर्फ ऑनलाइन अच्छा लगे।
आप जितना ज़्यादा सब कुछ बनने की कोशिश करते हैं, उतना ही आप एक चीज़ खो देते हैं जो सबसे ज़्यादा मायने रखती है:
खुद को।
ये सत्य सबक नहीं हैं।
ये अनुस्मारक हैं।
छोटे बीज जो पहले से ही आपके अंदर मौजूद हैं
शोर के शांत होने का इंतजार कर रहे हैं, ताकि वे फिर से खिल सकें।

अंतिम बोध, गति पर गहराई का चुनाव

क्या होगा अगर वह सब कुछ जो आप खोज रहे हैं, आगे नहीं है...
बल्कि नीचे है?
क्या होगा अगर खुशी का कभी शिकार नहीं किया जाना था
बल्कि बस देखा जाना था?
हमें सिखाया गया है कि जीवन एक सीढ़ी है।
चढ़ो। रुको मत। नीचे मत देखो।
लेकिन शायद जीवन वास्तव में एक कुआँ है।
आप अधिक का पीछा करके ऊँचा नहीं उठते।
आप स्थिर खड़े होकर गहराई में जाते हैं।
आपको अपने डर से आगे निकलने की ज़रूरत नहीं है।
आपको उनके साथ बैठने की ज़रूरत है।
आपको ज़्यादा जवाबों की ज़रूरत नहीं है।
आपको कम विकर्षणों की ज़रूरत है।
आपको एक बड़े जीवन की ज़रूरत नहीं है।
आपको एक पूर्ण जीवन की ज़रूरत है।
धीमे होने की कोशिश करें, इसलिए नहीं कि आप थके हुए हैं,
बल्कि इसलिए कि आप आखिरकार जाग गए हैं।
धीमे चलें।
गहराई से साँस लें।
कम बोलें।
ज़्यादा सुनें।
जल्दबाजी के बिना बनाएँ।
अपराधबोध के बिना आराम करें।
वह आलस्य नहीं है।
वह जीना है।

मुझे एक छोटा सा पल बताता हूँ।
एक महिला अपनी छत पर बैठी है।
उसके हाथ में कोई फ़ोन नहीं है।
मन में कोई लक्ष्य नहीं है।
बस एक कप चाय और नारंगी आकाश।
वह कुछ बड़ा नहीं कर रही है।
लेकिन उसकी साँस सामान्य है।
उसकी आँखें नरम हैं।
और सालों में पहली बार...
उसे पर्याप्त महसूस होता है।
वह महिला आप हो सकती हैं।
आपको वास्तविक महसूस करने के लिए एक वायरल रील की ज़रूरत नहीं है।
आपको मान्य महसूस करने के लिए एक शेड्यूल की ज़रूरत नहीं है।
आपको और अधिक की ज़रूरत नहीं है।
आपको चाहिए:

- कुछ लोग जो आपको वास्तव में देखते हैं।
- कुछ पल जहाँ आपका दिल शांत हो।
- कुछ सत्य जिन्हें आपको साबित करने की ज़रूरत नहीं है।
- कुछ स्थान जहाँ आप हर मुखौटा हटा सकें।

और एक बार जब आपके पास वह होता है...
भले ही दुनिया आपको भूल जाए –
आप खुद को कभी नहीं भूलेंगे।
तो आज, अगर आप पीछा करने से थक गए हैं...
अगर आपको लगता है कि “मुझे तो यह भी नहीं पता कि मैं यह अब क्यों चाहता हूँ” –
रुकें। चारों ओर देखें।

अपना हाथ अपनी छाती पर रखें।
और फुसफुसाएँ:
"मैं अभी भी यहाँ हूँ।
और यह पल पहले से ही पर्याप्त है।"

कैसे 'अधिक' नया सामान्य बन गया

एक समय था जब साधारण पर्याप्त था।
परिवार के साथ एक भोजन।
रविवार की एक झपकी।
अपने पिता के साथ बाजार तक की सैर।
एक हाथ से लिखा पत्र।
वह जीवन शोरगुल वाला नहीं था, लेकिन यह भरा हुआ था।
आज, हम ऐसी दुनिया में रहते हैं जहाँ पर्याप्त विफलता जैसा लगता है।
हम सुबह उठते हैं और अपने फ़ोन खोलते हैं –
साँस लेने के लिए नहीं, बल्कि जाँच करने के लिए।
मुझसे बेहतर किसने किया?
किसने ज़्यादा पोस्ट किया?
इस अदृश्य दौड़ में मुझसे आगे कौन है?
दाँत ब्रश करने से पहले भी,
हम पहले ही प्रतिस्पर्धा कर रहे होते हैं।
यह कैसे हुआ?
हम कैसे बदल गए...
“मेरे पास वह है जो मुझे चाहिए”
से
“मुझे उनसे ज़्यादा चाहिए”?
जवाब स्तरित है।
लेकिन यह उससे शुरू होता है जो हम देखते हैं।

सोशल मीडिया ने न केवल यह बदला कि हम कैसे जुड़ते हैं, बल्कि यह भी कि हम कैसे तुलना करते हैं।
इसने एक ऐसा आईना बनाया जो हमारा अपना चेहरा नहीं दिखाता,
बल्कि किसी और की हाइलाइट्स दिखाता है।
हम नहीं पूछते, “क्या मैं बढ़ रहा हूँ?”
हम पूछते हैं, “क्या मैं उससे तेज़ी से बढ़ रहा हूँ?”
सफलता भी एक दौड़ बन गई।
शांति भी एक ब्रांड बन गई।
भारतीय घरों में, यह दबाव सूक्ष्म रूपों में आता है:
“देखो शर्मा जी का बेटा 4 लाख कमा रहा है।”
“तुम्हारे कॉलेज की प्रिया विदेश चली गई!”
“और कुछ कर रहे हो लाइफ में, या बस इसी में फँस गए हो?”
ये शब्द बुराई नहीं हैं।
ये एक ऐसे सिस्टम की गूँज हैं जिसने प्रगति को दबाव से भ्रमित कर दिया।
अब हम मूल्य को दृश्यता से मापते हैं।
सम्मान को व्यस्तता से।
आत्म-मूल्य को आउटपुट से।
यहाँ तक कि आध्यात्मिकता भी प्रदर्शनकारी बन गई:
ध्यान साझा किया जाना चाहिए।
उपचार सौंदर्य होना चाहिए।
खामोशी को फ्रेम किया जाना चाहिए।
लेकिन यहाँ गहरा सत्य है:
"अधिक" आकस्मिक रूप से नहीं हुआ।
इसका हमें विपणन किया गया।
अर्थव्यवस्था हमारी भूख पर चलती है, हमारी संतुष्टि पर नहीं।
अगर आप भरा हुआ महसूस करते हैं, तो आप खरीदना बंद कर देते हैं।
अगर आप संतुष्ट महसूस करते हैं, तो आप स्क्रॉल करना बंद कर देते हैं।
अगर आप शांत महसूस करते हैं, तो आप प्रतिक्रिया करना बंद कर देते हैं।

तो हमें लगातार बताया जाता है:
“अपने जीवन को अपग्रेड करो।”
“अपनी जीवनशैली को स्तर पर लाओ।”
“अपने सपनों को तेज़ी से हासिल करो।”
लेकिन कोई आपको नहीं बताता:
“क्या होगा अगर आपका सपना बस साँस लेना और खुद को और समझाने की ज़रूरत न होना है?”
आज का वास्तविक विद्रोह ज़ोर से चिल्लाना नहीं है।
यह फुसफुसाना चुनना है।
यह कहना है, “यह मेरे लिए पर्याप्त है,”
और उस वाक्य को किसी और से अनुमोदित करवाने की ज़रूरत न होना।

लगातार विकास की लागत

विकास सुंदर है।
लेकिन बलपूर्वक विकास दर्दनाक है।
हर पौधा ज़्यादा पानी देने पर तेज़ी से नहीं खिलता।
कभी-कभी, ज़्यादा बनने की हमारी दौड़ में,
हम मुख्य भाग को खोने लगते हैं।
आइए बात करते हैं कि जब हम हमेशा ज़्यादा का पीछा करते हैं तो हम वास्तव में क्या खोते हैं:

1. **हम समय खो देते हैं।**

केवल घंटे नहीं, बल्कि उपस्थिति
आप अपने परिवार के साथ हैं, लेकिन आपका मन कल की योजना बना रहा है।
आप रात का खाना खा रहे हैं, लेकिन किसी और के दोपहर के भोजन को स्क्रॉल कर रहे हैं।

विकास कहता है: “एक मिनट भी बर्बाद मत करो।”
लेकिन जीवन फुसफुसाता है: “पल को मत चूको।”

2. हम शांति खो देते हैं।

क्योंकि जब आप हमेशा चढ़ रहे होते हैं, तो आराम करने के लिए कोई समतल जमीन नहीं होती।
तब भी जब कुछ भी गलत नहीं होता, आपका शरीर तनावग्रस्त रहता है।
तब भी जब आप जीत रहे होते हैं, आपका दिमाग अगले युद्ध के लिए तैयारी कर रहा होता है।
आप खुशी महसूस नहीं करते, आप राहत महसूस करते हैं।
आप आराम नहीं करते, आप बस क्रैश हो जाते हैं।

3. हम रिश्ते खो देते हैं ।

मुझे रवि और मीना के बारे में बताता हूँ।
रवि एक "भविष्य बनाना" चाहता था।
तो उसने 14 घंटे काम किया, एक स्टार्टअप बनाया, व्यस्त हो गया।
मीना महीनों तक धैर्यवान रही।
लेकिन धीरे-धीरे, दूरी बढ़ती गई।
वे एक ही घर में रह रहे थे, लेकिन अलग-अलग ग्रहों पर।
रवि बेवफा नहीं था। वह बस अनुपलब्ध था।
एक शाम, मीना ने पूछा:
"क्या आपको याद है कि हमने आखिरी बार कब एक साथ हँसा था?"
रवि याद नहीं कर सका।
विकास ने उसका समय चुरा लिया। उसका स्पर्श। उसका ध्यान।
जब तक उसने पीछे मुड़कर देखा,
उसने एक भविष्य बना लिया था, लेकिन अपना वर्तमान खो दिया था।

4. हम पहचान खो देते हैं।

आप एक भूमिका बन जाते हैं। एक ब्रांड । एक कलाकार ।
लोग ताली बजाते हैं, लेकिन आपको अब खुद जैसा महसूस नहीं होता।
आपकी मुस्कान भी पूर्वाभ्यास की हुई होती है।
आपके लक्ष्य भी उधार के होते हैं।
आप उठते हैं और पूछते हैं: "क्या मैं अभी भी मैं हूँ... या सिर्फ मेरी उपलब्धियाँ?"

5. हम आश्चर्य खो देते हैं ।

रुकने और चकित होने की क्षमता।
आपने आखिरी बार कब चाँद को घूर कर उसकी खींच महसूस की थी?
आपने आखिरी बार कब किताब पढ़ते हुए रोया था?
या किसी बच्चे के साथ बैठे और घड़ी भूल गए?
"और अधिक" की खोज आपको यह भूलने पर मजबूर कर देती है कि सिर्फ जीवित रहने का क्या मतलब है।
लेकिन यहाँ सबसे कठिन बात है:
हमें यह एहसास भी नहीं होता कि हमने क्या खोया है –
जब तक खामोशी आती है और कहती है, "तुम इतने समय से कहाँ थे?"
विकास दुश्मन नहीं है।
लेकिन जब इसकी कीमत आपकी खुशी, आपका प्यार, आपकी आत्मा होती है –
तब शायद... यह अब विकास नहीं है।
यह पलायन है।
और आप केवल पलायन से ज़्यादा के हकदार हैं।
आप पूरे होने के हकदार हैं।

मन का न्यूनतमवाद

आपको कम चीजें रखने की ज़रूरत नहीं है।
आपको बस अपने मन के अंदर कम चीजें रखने की ज़रूरत है।

न्यूनतमवाद सिर्फ साफ कमरों और कम कपड़ों के बारे में नहीं है।
यह मानसिक बोझ को छोड़ देने के बारे में है –
अति-विचार , अति-प्रतिबद्धता , अति-प्रतिस्पर्धा ।
यह आपके सिर में भीड़ को शांत करने के बारे में है।

उत्तराखंड के एक छोटे से गाँव में,
लक्ष्मी नाम की एक महिला सुबह 6 बजे उठती है,
अपने आँगन में झाड़ू लगाती है, चाय बनाती है,
और पहाड़ियों पर से कोहरे को उठते हुए देखती है।
वह स्क्रॉल नहीं करती।
वह यह नहीं देखती कि वह पीछे छूट रही है या नहीं।
वह बस साँस लेती है।
वह कहती है,
"हमारे पास एक खेत है, दो गायें हैं, और शांति है।
और यह पर्याप्त है।"
मन के न्यूनतमवाद का अर्थ है:

- अपराधबोध के बिना ना कहना।
- कुछ छूट जाने पर ठीक महसूस करना।
- शोर पर खामोशी को प्राथमिकता देना।
- वर्चुअल सबूत पर वास्तविक जीवन चुनना।
- खुद को हर समय इतनी कोशिश न करने देना।

हम खुद को बहुत सारे लक्ष्यों, बहुत सारी आवाज़ों, बहुत सारे संस्करणों से भर देते हैं कि हमें "क्या होना चाहिए।"
और फिर हम सोचते हैं कि हम क्यों खोया हुआ महसूस करते हैं।
कल्पना करें कि आप अपने कंधे पर 10 बैग लेकर एक भीड़ भरे बाजार से गुजर रहे हैं।

लोग चिल्ला रहे हैं। संगीत बज रहा है। गंध, रोशनी, शोर।
अब कल्पना करें कि बैग को एक-एक करके गिरा रहे हैं।
कपड़े। उम्मीदें। समय-सीमाएँ। डेडलाइन।
और अंत में... खामोशी ।
मन का न्यूनतमवाद ऐसा ही महसूस होता है।
इसका मतलब यह नहीं है कि आप अपने सपनों को छोड़ दें।
इसका मतलब है कि उन्हें अपनी शर्तों पर जीना।

- लिखें, लेकिन प्रभावित करने के लिए नहीं।
- पोस्ट करें, लेकिन खुश करने के लिए नहीं।
- सफल हों, लेकिन भागने के लिए नहीं।
- साँस लें, इसलिए नहीं कि आप थके हुए हैं, बल्कि इसलिए कि आप आखिरकार स्वतंत्र हैं।

यह आज़माएँ:
पूरे एक दिन किसी को खुद को समझाए बिना बिताएं।
कोई औचित्य नहीं। कोई अति-साझाकरण नहीं। कोई डिजिटल डायरी नहीं।
बस उठो, धीरे से जियो, धीरे-धीरे खाओ, गहराई से प्यार करो, और सो जाओ।
यह एक ऐसी दुनिया में सबसे शक्तिशाली विद्रोह है जो आपको हर जगह, हर समय सब कुछ होने के लिए कहती है।
शांति "अधिक" से नहीं आती।
यह कम से आती है, जो सार्थक रूप से किया जाता है।
न्यूनतमवाद शून्यता नहीं है।
यह चुनने के बारे में है कि आपको वास्तव में क्या भरता है।
और उस सादगी में,
आपको याद आएगा:
आपको कभी ज़्यादा होने की ज़रूरत नहीं थी।
आपको बस वास्तविक होने की ज़रूरत थी।

निर्देशित चिंतन, आपने आखिरी बार कब पूर्ण महसूस किया?

आपको ज़्यादा करने, ज़्यादा होने, ज़्यादा पाने के लिए कहा गया है।
लेकिन आज, आइए कुछ और पूछें:
आपने आखिरी बार कब... पूर्ण महसूस किया?
व्यस्त नहीं। महत्वपूर्ण नहीं।
बस... पूर्ण ।
अपनी आँखें बंद करें। अंदर की ओर जाएँ।
इन सवालों को आपको मिलने दें – कार्य के रूप में नहीं,
बल्कि छोटे दर्पणों के रूप में।

- पिछले महीने में किस पल ने आपको शांति दी, लेकिन आपने उसके बारे में पोस्ट नहीं किया?
  उसे फिर से जीने की कोशिश करें।
  उसकी गंध कैसी थी?
  खामोशी की आवाज़ कैसी थी?
  अब इसे लिख लें।
  दुनिया के लिए नहीं। बस अपने दिल के लिए।

- हाल ही में आप किसका पीछा कर रहे हैं?
  क्या यह वास्तव में आपका है, या किसी और ने आप में वह इच्छा भर दी?

- क्या आप खुद को दौड़ने के लिए माफ़ कर सकते हैं?
  क्या आप मुस्कुरा सकते हैं और कह सकते हैं, "मुझे अब इसकी ज़रूरत नहीं है"?

- आप अपने लक्ष्यों के बिना कौन हैं?
  अगर साबित करने के लिए कोई उपलब्धि नहीं होती,
  गिनने के लिए कोई लाइक नहीं होते,
  इंतजार करने के लिए कोई तालियाँ नहीं होतीं...
  कौन बचता है?
  उस व्यक्ति का वर्णन करें। धीरे से।

- आपके लिए "पर्याप्त" कैसा दिखता है?
  क्या यह एक कमरा है? एक रिश्ता? एक तरह की खामोशी?
  क्या आप इसे खींच सकते हैं? या इसे एक वाक्य में लिख सकते हैं?
  अब, खुद से पूछें:
  "क्या मैं पहले से ही उसके करीब हूँ जितना मैं सोचता हूँ?"

- आपके लिए एक धीमा, सार्थक जीवन कैसा महसूस होगा?
  एक सूची बनाएँ:

➢ जिन खाद्य पदार्थों को आप धीरे-धीरे खाएंगे।
➢ जिन लोगों से आप गहराई से बात करेंगे।
➢ जिन जगहों पर आप चुपचाप जाएंगे।

जिन पलों को आप ऑनलाइन साझा नहीं करेंगे।
सूची को देखें।
वह आपकी आत्मा का नक्शा है।
ये चिंतन जवाब नहीं हैं।
ये वापसी बिंदु हैं।
आपको आज उन सभी को खत्म करने की ज़रूरत नहीं है।
लेकिन उन्हें अपनी छाती में रहने दें।
उन्हें "अधिक" के वर्षों द्वारा बनाई गई कठोरता को नरम करने दें।
क्योंकि स्थिरता में... आपको याद आता है:

आप कभी खोए नहीं थे।
बस... खुद को सुनने के लिए बहुत शोरगुल था।

अध्याय का सार, कोमल अनुस्मारक का एक पोस्टर

- आपको तेज़ी से दौड़ने की ज़रूरत नहीं है। आपको गहराई से साँस लेने की ज़रूरत है।
- "अधिक" आपके अंदर की जगह को नहीं भरेगा। लेकिन खामोशी भर सकती है।
- हर बार जब आप प्रदर्शन पर शांति चुनते हैं,
  आप खुद को चुनते हैं।
- फिनिश लाइन कोई लक्ष्य नहीं है।
  यह वह पल है जब आप कहते हैं, "यह मेरे लिए पर्याप्त है।"
- विकास अच्छा है। लेकिन तब नहीं जब इसकी कीमत आपकी आत्मा हो।
- एक धीमा जीवन एक छोटा जीवन नहीं है।
  यह एक अधिक महसूस किया गया जीवन है।
- आपकी योग्यता आपकी गति में नहीं है।
  यह आपकी उपस्थिति में है।
- दूसरों को स्पॉटलाइट का पीछा करने दें।
  आप... स्थिरता का पीछा करें।

- वास्तविक सफलता तब पूरी होती है जब कोई नहीं देख रहा होता है, तब भी पूरा महसूस करना।

- आपको ज़्यादा होने की ज़रूरत नहीं है।
  आपको बस यहाँ होने की ज़रूरत है।

अध्याय 8: दिखावटी भूख बनाम सच्चा पोषण

भूखा मन, पर भोजन के लिए नहीं

आज की पीढ़ी में एक भूख है, पर यह पेट में नहीं रहती।
यह शांत है।
यह दिखती नहीं।
और यह हमेशा बस... स्क्रीन पर चलती रहती है।
यह भूख हमारे साथ जागती है।
इससे पहले कि हमारे पैर ज़मीन छुएँ, हमारे अँगूठे पहले से ही कुछ चमकती, बजती, नई जानकारी दिखाती चीज़ की ओर बढ़ते हैं।
हम सुबह का नाश्ता करने से पहले ही पर्दे (स्क्रीन) को खा लेते हैं।
यह अब केवल मनोरंजन नहीं रहा।
यह कुछ गहरा है। एक शांत दर्द। एक बेचैन झुनझुनी।
जुड़ा हुआ, दिखा हुआ, व्यस्त, विचलित महसूस करने की ज़रूरत...
कुछ भी, बस स्थिर नहीं।
हम क्या ढूँढ़ रहे हैं?
हम शादियों, मौतों, युद्धों, चुटकुलों, दिल टूटने, प्रेरणा, सदमे, और हँसी को –
पाँच मिनट के भीतर ही एक के बाद एक देखते जाते हैं।
और फिर कहते हैं: "मैं ऊब गया हूँ।"

हम ऊबे हुए नहीं हैं।
हम सुन्न हैं।
हमें बहुत ज़्यादा उत्तेजित किया गया है, बहुत ज़्यादा भरपेट किया गया है, पर हम भीतर से बहुत कमज़ोर हैं।
इसलिए नहीं कि हमारे पास देखने को कुछ कम है।
बल्कि इसलिए कि हमने संपर्क खो दिया है –
अपनी ही साँस से,
कमरे में बैठे लोगों से,
अपने अंदर की उस आवाज़ से जो चुपचाप पूछती है:
"क्या तुम ठीक हो?"

मैं आपसे विनम्रता से यह पूछता हूँ:
आपने आखिरी बार कब अपने साथ बैठे थे... और अपना फ़ोन नहीं उठाया था?
इसलिए नहीं कि वह बजा था।
बल्कि बस... क्योंकि खामोशी ने आपको डरा दिया था।
पहले की दुनिया में, भूख शारीरिक ज़रूरत से आती थी।
अब यह भावनात्मक खालीपन से आती है।
"मुझे खाना चाहिए" नहीं।
बल्कि: "मुझे शोर चाहिए।"
"मैं जीवित महसूस करना चाहता हूँ।"
"मुझे कुछ चाहिए... कुछ भी जो मुझे बताए कि मैं मायने रखता हूँ।"
और इसलिए हम देखते रहते हैं।
इसलिए नहीं कि हम उत्सुक हैं।
बल्कि इसलिए कि हम मौजूदगी के लिए तरस रहे हैं।

आजकल बच्चे रोते हैं, तो हम उनके हाथों में एक पर्दा (स्क्रीन) दे देते हैं।
दोस्त कैफे में बैठे रहते हैं और दूसरे लोगों को संदेश भेजते हैं।

जोड़े एक-दूसरे के बगल में लेटे रहते हैं,
अलग-अलग दुनिया को देखते हुए।
एक गाँव के दादाजी ने एक बार कहा था,
"पहले हम खाने के दौरान बातें करते थे।
अब लोग अपने फ़ोन के साथ बैठते हैं, और कुछ नहीं कहते – यहाँ तक कि खाने से भी नहीं।"
यह कोई छोटा बदलाव नहीं है।
यह हमारे महसूस करने, प्यार करने और अस्तित्व में रहने के तरीके में एक सांस्कृतिक बदलाव है।
सच्चा पोषण गहराई से आता है।
पर हमारी दुनिया ने हमें लगातार फुर्तीले भोजन (रील्स, अपडेट्स, पिंग्स, नोटिफिकेशंस, ब्रेकिंग न्यूज़ और लाइक्स) करने की आदत डाल दी है।
और फिर भी... हम रात में एक अजीब भारीपन के साथ जागे रहते हैं।
इसलिए नहीं कि हमने बहुत कम चीज़ें देखीं –
बल्कि इसलिए कि हमने सब कुछ देखा, पर कुछ भी महसूस नहीं किया।
थका हुआ महसूस करने के लिए आप कमजोर नहीं हैं।
अगर आप बहुत ज़्यादा उत्तेजित महसूस करते हैं तो आप अकेले नहीं हैं।
यह अध्याय कोई समाधान नहीं है।
यह एक दर्पण है।
आपको यह पूछने में मदद करने के लिए:
"मैं वास्तव में किस चीज़ के लिए भूखा हूँ?"

डिजिटल भूख क्या है?

भूख, अपने सबसे सच्चे रूप में, शरीर का एक संदेश है।
एक कोमल संकेत: "मुझे कुछ वास्तविक चाहिए।"
पर दिखावटी भूख?
यह बोलती नहीं है।
यह बजती है।
यह पेट से नहीं आती।
यह सीने से आती है।
वह थोड़ी सी जकड़न जो आप महसूस करते हैं जब आप अपने फ़ोन से बहुत देर तक दूर रहते हैं।
आपकी उंगलियों में वह झुनझुनी जब इंटरनेट बंद हो जाता है।
वह अदृश्य बेचैनी जब कोई नई सूचना नहीं आती।
हम इसे "आदत" कहते हैं।
पर यह वास्तव में छूटने का दर्द है।

दिखावटी भूख सिर्फ मनोरंजन चाहने के बारे में नहीं है।
यह मन बहलाने की ज़रूरत के बारे में है।
किससे?
खामोशी से।
स्थिरता से।
इस सवाल से: "क्या मैं ठीक हूँ?"

आइए इसे समझते हैं।
आप सुबह उठते हैं और अपना फ़ोन खोलते हैं।
आप ज्ञान के लिए भूखे नहीं हैं।
आप शोर के लिए भूखे हैं।
कुछ ऐसा जो आपके मन को चलता रखे,

आपकी भावनाओं को रोके रखे,
और आपकी अंदर की दुनिया को शांत रखे।
यही दिखावटी भूख है।
और असली भूख की तरह, यदि इसे अनियंत्रित छोड़ दिया जाए, तो यह आपको कमजोर बना देती है।
शारीरिक रूप से नहीं।
बल्कि भावनात्मक रूप से।
मानसिक रूप से।
आध्यात्मिक रूप से।
आप ऊबना भूल जाते हैं।
आप बिना किसी जानकारी के बैठना भूल जाते हैं।
आप खुद के साथ बैठना भूल जाते हैं।
आप उत्तेजना से इतने भर जाते हैं...
कि आप अंदर से खाली हो जाते हैं।

मुझे पुणे के एक कॉलेज छात्र ऋषि के बारे में बताता हूँ।
उसने एक बार कहा था,
"मैं दाँत ब्रश करते समय भी छोटे वीडियो देखता रहता हूँ।
अगर मैं रुक जाता हूँ, तो मुझे लगता है कि समय बर्बाद हो रहा है।
पर 40 मिनट के बाद भी, मुझे लगता है कि मैंने वास्तव में कुछ नहीं किया है।"
यही जाल है।
हम गतिविधि को पोषण से भ्रमित करते हैं।
हम उत्तेजना को जुड़ाव से भ्रमित करते हैं।
हम गति को अर्थ से भ्रमित करते हैं।

दिखावटी भूख सामाजिक होने का भी दिखावा करती है।
आप अपने संदेश, जवाब, कहानियाँ, नई जानकारी देखते हैं –

पर आपको फिर भी... अकेला महसूस होता है।
क्योंकि आप वास्तव में कभी जुड़ नहीं रहे थे।
आप बस उपभोग कर रहे थे।
आपको देखा नहीं जा रहा था।
आपको दिखाया जा रहा था।
और इस भूख को इतना खतरनाक क्या बनाता है?
यह कभी खत्म नहीं होती।
हमेशा कुछ और होता है क्लिक करने के लिए, देखने के लिए, नई जानकारी पाने के लिए, जवाब देने के लिए, साझा करने के लिए।
और चाहे आप कितना भी देखें...
आप कभी वास्तव में तृप्त नहीं होते।
दिखावटी भूख का यही अभिशाप है:
अनंत उपभोग।
शून्य पोषण।

अत्यधिक उत्तेजना का विज्ञान, हम देखना क्यों नहीं रोक सकते

हम अक्सर कहते हैं,
"मैं बस एक चीज़ देखना चाहता था, पर घंटों तक फँसा रहा।"
यह आपकी गलती नहीं है।
यह आपके मस्तिष्क की रसायन क्रिया है।
मानव मस्तिष्क अंतहीन जानकारी के लिए डिज़ाइन नहीं किया गया है।
यह आराम, ध्यान, ठहराव, चिंतन के चक्रों के लिए डिज़ाइन किया गया है।
पर आधुनिक दिखावटी जीवन?

यह बिना ब्रेक के उत्तेजना के एक्सेलेरेटर (तेज़ करने वाले यंत्र) को दबाए रखने जैसा है।

आइए समझते हैं कि क्या होता है।
हर बार जब आप देखते हैं, उंगलियाँ घुमाते हैं, छूते हैं, ताज़ा करते हैं, तो आपका दिमाग डोपामाइन छोड़ता है।
डोपामाइन संतुष्टि का रसायन नहीं है।
यह उम्मीद का रसायन है।
यह आपको खुश नहीं करता।
यह आपको जल्द ही खुशी की अपेक्षा दिलाता है।
इसलिए:

> आप एक सूचना के लिए ताज़ा करते हैं।
> आप अपने 'पसंद' (लाइक्स) देखते हैं।
> आप एक ही ऐप को बार-बार खोलते हैं।
> जब कुछ नया नहीं हो रहा होता तो आपको बेचैनी महसूस होती है।

आप एक पुरस्कार का पीछा कर रहे हैं –
पर वह पुरस्कार और दूर होता जा रहा है।
इसे डोपामाइन चक्र कहते हैं।
उत्तेजना → देखना
अपेक्षा → उंगली घुमाना
निराशा → ताज़ा करना
थोड़ी खुशी → गहरा खालीपन
दोहराना

और समय के साथ, यह चक्र एक आदत बन जाता है... फिर एक निर्भरता... फिर एक तीव्र इच्छा।

जैसे चीनी।
जैसे कैफीन।
जैसे कोई भी लत।

अब यहाँ का अँधेरा पक्ष है।
यह अत्यधिक उत्तेजना सिर्फ समय बर्बाद नहीं करती –
यह आपकी गहरी भावनाओं को महसूस करने की क्षमता को नुकसान पहुँचाती है।
क्योंकि आपका दिमाग, जब लगातार छोटी-छोटी उत्तेजनाओं से भरा होता है,
खामोशी के साथ बैठना भूल जाता है।
खामोशी डरावनी लगने लगती है।
धीमापन ऊब लगने लगता है।
स्थिरता विफलता लगने लगती है।
पर इनमें से कुछ भी सच नहीं है।
आपका दिमाग बस शांत रहना भूल गया है।

वैज्ञानिक अध्ययन अब दिखाते हैं:

- लोग अपने फ़ोन को दिन में 96 से 160 बार देखते हैं।
- दिखावटी थकान कॉर्टिसोल (तनाव हार्मोन) को बढ़ाती है।
- लगातार पर्दे का उपयोग आपकी रचनात्मक ध्यान अवधि को कम कर देता है।
- कई काम एक साथ करना (मल्टीटास्किंग) भावनात्मक स्मृति और सहानुभूति को कम कर देता है।

इसका मतलब है...
आप सिर्फ समय नहीं खो रहे हैं।
आप अपनी गहराई खो रहे हैं।
क्या आपने देखा है?

- आप अपने फ़ोन को देखे बिना पूरा पन्ना पढ़ने में संघर्ष करते हैं।

- अगर आप बहुत देर तक इंटरनेट से दूर रहते हैं तो आपको अपराधबोध महसूस होता है।
- आप धीमी, गहरी बातचीत याद करते हैं।

- आप उन लोगों के साथ भी पूरी तरह से मौजूद रहना भूल जाते हैं जिनसे आप प्यार करते हैं।
  वह विफलता नहीं है।
  वह अत्यधिक उत्तेजना है।
  और समाधान दिखावटी वस्तुओं से दूर रहना नहीं है।
  वास्तविक समाधान आपके दिमाग को फिर से प्रशिक्षित करना है –
  धीमा होने के लिए, ध्यान देने के लिए, फिर से महसूस करने के लिए।

हम क्या खो रहे हैं, घरों और दिलों से कहानियाँ

आइए एक पल के लिए रुकते हैं।
सोचने के लिए नहीं, बल्कि महसूस करने के लिए।
क्योंकि कभी-कभी, नुकसान ज़ोरदार नहीं होता।
यह कोई दुर्घटना या चीख नहीं होती।

यह हमारे जुड़ने, बोलने, बैठने, खाने, यहाँ तक कि प्यार करने के तरीके में एक शांत बदलाव होता है।
यह हिस्सा विज्ञान के बारे में नहीं है।
यह उसके बारे में है जो हम चुपचाप खो रहे हैं।

मुझे एक साधारण गाँव की कहानी से शुरू करने दो।
अजमेर, राजस्थान के पास एक छोटे से घर में,
सुमित्रा नाम की एक दादी सूर्योदय से पहले उठती थी।
वह अपनी सुबह की चाय के साथ बरामदे में बैठती थी –
पक्षियों को सुनती, रोशनी को धीरे-धीरे ज़मीन पर फैलते हुए देखती।
उसका पोता, आदि, एक बार शहर से आया।
उसके पास दो फ़ोन थे, तीन ऐप खुले थे, और एक कान में ईयरबड था।
उसने उसे बताया:
"दादी, मैं एक साथ कई काम कर रहा हूँ।"
वह मुस्कुराई और कहा,
"बेटा, मैं कुछ नहीं कर रही हूँ। और मुझे कभी इतना भरा हुआ महसूस नहीं हुआ।"
यही अंतर है।
एक उपभोग कर रहा था।
एक प्राप्त कर रहा था।

अब आइए शहर में।
मुंबई में, मैं अनन्या नाम की एक माँ से मिली।
उसका 4 साल का बेटा था, आरव।
बुद्धिमान, जिज्ञासु, जीवंत।
पर हर बार जब वह बात करना चाहता था,
उसके हाथ टाइप करने, जवाब देने, कुछ भेजने में व्यस्त थे।
एक शाम, आरव ने धीरे से उसका चेहरा पकड़ा और कहा:

"मम्मा, क्या मैं कुछ देर के लिए आपका फ़ोन बन सकता हूँ?"
वह पंक्ति... ने उसे तोड़ दिया।
क्योंकि उसे एहसास हुआ –
वह दुनिया को खिला रही थी,
पर अपने ही बच्चे को भूखा रख रही थी।

आप देखते हैं, सच्चा पोषण नाटकीय नहीं होता।
यह शोर नहीं करता।
यह अक्सर इसमें आता है:

- एक गर्म स्पर्श।
- धीरे-धीरे खाया गया भोजन।
- पूरी मौजूदगी के साथ पूछा गया एक सवाल।
- बिना किसी असहजता के साझा की गई एक खामोशी।
पर जब हम इन्हें देखने से बदल देते हैं...

तो हम उन चीजों को खो देते हैं जिन्हें हम वापस नहीं पा सकते।
दोस्तियाँ अब टिप्पणियों पर जीवित रहती हैं।
परिवार एक ही कमरे में बैठे रहते हैं,
हर कोई अपनी स्क्रीन में देख रहा होता है।
प्यार में भी –
हम तस्वीरें साझा करते हैं, पल नहीं।
और धीरे-धीरे, हम एक-दूसरे की आँखों में देखना भूल जाते हैं...
बीच में एक लेंस के बिना।

रमेश, एक 32 वर्षीय मार्केटिंग कार्यकारी, ने मुझे यह बताया:
"मैं हर सुबह अपनी पत्नी को 'आई लव यू' संदेश भेजता हूँ।

पर 3 महीने हो गए हैं जब मैंने उसकी आँखों में देखकर यह कहा था।"
वह एक बुरा पति नहीं था।
वह बस... विचलित था।
और अधिक के लिए भूखा। और यह भूल रहा था कि इसे कहाँ खोजना है।
जो हम खो रहे हैं वह सिर्फ समय नहीं है।
हम अनुष्ठान खो रहे हैं।

- दोस्तों के साथ चाय – अब ऑनलाइन शिकायतों से बदल दी गई है।

- पारिवारिक रात्रिभोज – अब स्क्रीन पर एक हाथ से खाए जाते हैं।

- भोजन के बाद टहलना – बिस्तर में देखने से बदल दिया गया है।

हम सिर्फ दिखावटी रूप से जुड़े हुए नहीं हैं।
हम भावनात्मक रूप से भूखे हैं।
पर यह अध्याय अपराध-बोध यात्रा नहीं है।
यह एक जागृत करने वाली पुकार है।
क्योंकि जिस पल आप ध्यान देते हैं कि आप क्या खो रहे हैं...
आपने पहले ही वापस आना याद करना शुरू कर दिया है।

सच्चा पोषण कैसा महसूस होता है, उपस्थिति की शक्ति

आपने इसे पहले भी महसूस किया है।

पर शायद आपके पास इसके लिए शब्द नहीं थे।
वह गहरी साँस जब आप किसी ऐसे व्यक्ति के साथ बैठते हैं जिसे आपको कुछ करके दिखाने की ज़रूरत नहीं है।
वह शांत पल जब आपकी आँखें किसी से मिलती हैं, और कोई खामोशी नहीं तोड़ता।
वह धीरे-धीरे प्यार से बनाया गया भोजन, बिना जल्दबाजी के खाया गया।
यही सच्चा पोषण जैसा महसूस होता है।
यह ध्यान की मांग नहीं करता।
यह जगह प्रदान करता है।
यह आपको अंदर नहीं खींचता।
यह आपको थामे रहता है, बिना किसी जल्दबाजी के।
यह ज़ोरदार नहीं होता।
यह मौजूद होता है।

आइए इसे जटिल न करें।
सच्चा पोषण है...

- अपने पिता के साथ टहलना, जहाँ कोई शब्द नहीं बोले जाते, पर सब कुछ समझा जाता है।

- आपकी माँ की एक नज़र जब वह अपने हाथों से आपको भोजन देती है।

- एक फ़ोन को एक तरफ रखा गया है, जबकि एक बच्चा आपको पूरे हावभाव के साथ एक कहानी बताता है।

- दो दोस्तों के बीच एक लंबा ठहराव, अजीब नहीं, बस सुरक्षित।

- आपकी गोद में एक नोटबुक और कोई पृष्ठभूमि संगीत नहीं।

- एक रविवार जहाँ आप कुछ बनाते नहीं, आप बस जीते हैं।

आपको देखे जाने के लिए किसी ऐप की ज़रूरत नहीं है।
आपको किसी का पूरा ध्यान चाहिए।
भले ही वह कोई आप ही हों।

अभी यह करें, मेरे साथ इसे आज़माएँ।
अपना फ़ोन लें और उसे उल्टा, पहुँच से दूर रखें।
अब एक गहरी साँस लें।
अपनी आँखें बंद करें।
अपने कंधों को महसूस करें। अपनी साँस को महसूस करें।
खुद से पूछें: "मैं अभी कैसा महसूस कर रहा हूँ, बिना किसी के देखे?"
अगर पाँच सेकंड के लिए भी आपको शांति महसूस हुई –
वह पोषण है।
हम सोचते हैं कि पोषण भोजन, पानी, नींद के बारे में है।
पर आत्मा भी भूखी रहती है।
आत्मा चाहती है:

- स्थिरता।
- आँखों का संपर्क।
- रिकॉर्ड बटन के बिना हँसी।
- अकेलेपन के बिना एकांत।
- निर्णय के बिना समय।

ये चीजें चलन में नहीं आतीं।
ये वायरल नहीं होतीं।
पर ये गहरी जाती हैं।
और गहराई ही वह है जिसके लिए हम वास्तव में भूखे हैं।

मुझे निवेदिता के बारे में बताता हूँ।
उसने 21 दिनों के लिए सामाजिक माध्यमों को हटा दिया।
उसने कुछ भी भेजा नहीं। अपने अवकाश की घोषणा नहीं की।
उसने अपने दिन अपनी माँ के साथ खाना बनाने में बिताए।
सड़क के कुत्तों को खिलाने में।
कविताएँ धीरे-धीरे पढ़ने में।
अपने ही दिल की धड़कन सुनने में।
और उसने कहा,
"मैं दुनिया को नहीं खो रही थी।
मैं आखिरकार अपनी दुनिया खोज रही थी।"
पोषण ऐसा ही महसूस होता है –
कोई ऊँचाई नहीं।
कोई प्रभाव नहीं।
बल्कि पूर्णता की ओर एक धीमी, शांत वापसी।

दिखावटी भूख से सच्चे आराम की ओर

- आप नई जानकारी के लिए भूखे नहीं हैं। आप शांति के लिए भूखे हैं।
- हर बार देखना नियंत्रण जैसा लगता है, पर यह एक भटकाव है।
- फ़ोन नीचे रखना, दिल खुला रखने जैसा नहीं है।
- आत्मा ध्यान नहीं चाहती। यह उपस्थिति चाहती है।
- सबसे खूबसूरत पल शायद ही कभी भेजे जाते हैं।
- पर्दे (स्क्रीन) शोर देते हैं। लोग स्नेह देते हैं।
- सच्ची खामोशी ठीक करने वाली है, खाली नहीं।
- आँखों का संपर्क वह ठीक करता है जो कोई प्रतीक (इमोजी) नहीं कर सकता।
- कई काम एक साथ करना (मल्टीटास्किंग) अर्थ चुराता है।
- हर छोटा वीडियो (रील) जो आप देखते हैं, वह एक पल है जिसे आप नहीं जीते।
- प्यार को लिखने की ज़रूरत नहीं है। इसे महसूस करने की ज़रूरत है।

- आप इंटरनेट से दूर हो सकते हैं और फिर भी गहराई से जीवित हो सकते हैं।

- प्रदर्शन थका देने वाला है। उपस्थिति शांतिपूर्ण है।

- दिखावटी साधनों से दूरी दौड़ने के बारे में नहीं है, यह वापस लौटने के बारे में है।

- जो आपकी फ़ीड भरता है वह आपकी आत्मा को सूखा रहा हो सकता है।
- जुड़ाव का मतलब "देखा गया" है, "साझा किया गया" नहीं।
- तस्वीरें लें, पर देखना न भूलें।

- मिस्ड कॉल उतनी दुखद नहीं हैं जितनी छूटे हुए पल।

- आत्मा देखती नहीं। यह बैठती है।

- गहराई चुनें। हमेशा।

अंतिम अहसास, उपस्थिति में वापसी

एक दिन, आप एक शांत कमरे में बैठेंगे।
कोई आवाज़ नहीं। कोई चेतावनी नहीं। कोई नई जानकारी नहीं।
बस आप और आपकी अपनी साँस की धीमी धुन।
और आप कुछ अजीब महसूस करेंगे।
आप अपने फ़ोन तक नहीं पहुँच रहे हैं।

आप कुछ भी नया नहीं देख रहे हैं।
आप बस... यहाँ हैं।
यही उपस्थिति है।
यही पोषण है।
और यहीं से जीवन फिर से शुरू होता है।
यह अध्याय कभी भी प्रौद्योगिकी को बुरा कहने के बारे में नहीं था।
यह घर लौटने के बारे में था।
किसी जगह पर नहीं,
बल्कि होने के एक तरीके पर।
एक ऐसा तरीका जहाँ:

- आपकी सुबह नीली रोशनी से शुरू नहीं होती।
- आपके भोजन पृष्ठभूमि का शोर नहीं होते।
- आपका ध्यान सौ भागों में बंटा नहीं होता।
- आपकी मुस्कान सिर्फ तस्वीरें लेने के लिए नहीं होती।
- और आपकी आत्मा सूचनाओं के माध्यम से ध्यान दिए जाने का इंतजार नहीं कर रही होती।

क्योंकि आपको कभी मशीन बनने के लिए नहीं बनाया गया था।
आपको महसूस करने के लिए बनाया गया था।
पेड़ों के नीचे बैठने के लिए।
बारिश सुनने के लिए।
भेजे बिना रोने के लिए।
फ़िल्टर के बिना प्यार करने के लिए।
देखे बिना हँसने के लिए।

साबित किए बिना जीने के लिए।
आपको इंसान बनने के लिए बनाया गया था।
तो आज, शायद...
अपने फ़ोन को एक तरफ रख दें, हमेशा के लिए नहीं, बस अभी के लिए।
खिड़की से बाहर देखें।
अपनी चाय धीरे-धीरे पीएँ।
अपनी साँस को घर लौटते हुए देखें।
अपने मन को नरम होते हुए देखें।
अपने शरीर को धन्यवाद करते हुए देखें।
और याद रखें:
आपको जीवित महसूस करने के लिए देखने की ज़रूरत नहीं है।
आपको रुकने की ज़रूरत है।
सच्चा पोषण वह नहीं है जिसे आप खाते हैं।
यह वह है जिसे आप ध्यान देते हैं।
अपनी माँ की शांत नज़र में।
अपने ही चबाने की आवाज़ में।
जिस तरह से आपका दोस्त "हम्म" कहता है जब वे वास्तव में सुन रहे होते हैं।
ये खास बातें नहीं हैं।
ये जीवन हैं।
इसे वह पल बनने दें जब आप इसमें लौटते हैं।
इसे वह अध्याय बनने दें जो आपको याद दिलाता है –
"दुनिया तेज़ी से चलती रहेगी।
पर तुम, मेरे दोस्त... तुम धीमे हो सकते हो और फिर भी भरे हुए हो सकते हो।

अध्याय 9: वर्तमान पल को फिर से अपनाना

क्या आपने पल को हाथ से फिसलते देखा है?

क्या आपने कभी एक पूरा मिनट जीने की कोशिश की है?
उसे देखते हुए न गुज़ारें (स्क्रॉल करते हुए नहीं)।
उसे भरें नहीं।
अगले की योजना न बनाएँ।
बस उसे जिएँ, पूरी तरह से, ईमानदारी से, बिना किसी पलायन के।
यह जितना लगता है उससे कहीं ज़्यादा मुश्किल है।
हमने ऐसे जीवन बना लिए हैं जहाँ वर्तमान में रहना अस्वाभाविक लगता है।
जहाँ पल हमेशा कुछ ऐसा होता है जिसे हमें बस पार करना होता है
अगली सूचना की ओर बढ़ते हुए,
अगले काम की ओर,
अगले लक्ष्य की ओर।
हम इसे "उत्पादक होना" कहते हैं।

पर कभी-कभी... यह केवल अनुपस्थित होना होता है।
अभी से अनुपस्थित।
साँस से अनुपस्थित।
जो हमारे ठीक सामने है, उससे अनुपस्थित।

मैं आपसे विनम्रता से कुछ पूछता हूँ:
आपने आखिरी बार कब अपनी साँस पर ध्यान दिया... उसे नियंत्रित किए बिना?
आपने आखिरी बार कब चाय के कप से चम्मच टकराने की आवाज़ सुनी, और उसे सचमुच सुना?
आपने आखिरी बार कब बोलते समय किसी की आँखों में देखा... यह सोचे बिना कि आप अगला क्या कहेंगे?
हममें से ज़्यादातर लोग अपना जीवन नहीं जी रहे हैं।
हम बस अपने ध्यान भटकाने वाली चीज़ों का प्रबंधन कर रहे हैं।
मन एक ऐसा ब्राउज़र (इंटरनेट पर कुछ देखने का साधन) बन गया है

20 टैब (पन्ने) खुले हैं।
संगीत चल रहा है।
एक तरफ एक वीडियो।
दूसरी तरफ एक याद चमक रही है।
और यह भी पता नहीं कि वर्तमान कौन सा है।

हम इसलिए थके हुए नहीं हैं क्योंकि जीवन बहुत ज़्यादा है।
हम इसलिए थके हुए हैं क्योंकि हम कभी यहाँ नहीं होते।

एक व्यक्ति ने मुझसे एक बार कहा था:
"मुझे लगता है कि जीवन मेरे पास से तेज़ी से गुज़र रहा है, और मैं उसे पकड़ने के लिए बहुत थका हुआ हूँ।"
पर जीवन तेज़ी से नहीं भाग रहा है।
आप उसके भीतर नहीं हैं।
आप किनारे पर खड़े हैं –
उसे अपनी स्क्रीन, अपने विचारों, अपनी भविष्य की योजनाओं के ज़रिए प्रकट होते देख रहे हैं।
और इस सब के दौरान,

वर्तमान पल चुपचाप पास बैठा रहता है,
जैसे कोई बच्चा आपके ध्यान देने का इंतज़ार कर रहा हो।

सच्चाई यह है:
आपकी साँस कल में नहीं रहती।
आपका उपचार किसी "बेहतर भविष्य" में इंतज़ार नहीं करता।
आपकी शांति किसी करने लायक कामों की सूची में छिपी नहीं है।
सब कुछ वास्तविक अभी हो रहा है।
पर तभी जब आप इसके लिए उपस्थित होते हैं।
यह अध्याय खामोशी का उपदेश देने के बारे में नहीं है।
यह अपने ही जीवन में वापस लौटने के बारे में है –
बिना ज़ोर ज़बरदस्ती के, बिना अपराधबोध के,
बस एक कोमल वापसी।
आपको किसी पहाड़ पर ध्यान करने की ज़रूरत नहीं है।
आपको बस यह याद रखने की ज़रूरत है:
आप पहले से ही यहाँ हैं।
आप बस पहुँचना भूल गए हैं।

हमने वर्तमान को क्यों छोड़ा, और वापस कैसे आएँ

हम वर्तमान में ही पैदा हुए थे।
एक बच्चे को देखें – उन्हें अगले की चिंता नहीं होती।
वे पूरी तरह महसूस करते हैं। दर्द होने पर रोते हैं।
खुशी होने पर हँसते हैं।
आश्चर्य होने पर रुक जाते हैं।
ऐसे ही हम सबने शुरुआत की थी:
पूरी तरह से अभी में।

पर रास्ते में कहीं,
हमें इसे पीछे छोड़ना सिखाया गया।
हमें बताया गया:
"आगे सोचो।"
"अपने जीवन की योजना बनाओ।"
"समय बर्बाद मत करो।"
"उत्पादक बनो।"
और धीरे-धीरे,
हमें स्थिरता से डर लगने लगा।
हमने यह मानना शुरू कर दिया कि पल में रहना आलसी होना है।
कि खामोशी का मतलब है कुछ गायब है।
कि अगर हम कुछ नहीं कर रहे हैं, तो हम लायक नहीं हैं।
वहीं से पलायन शुरू हुआ।
फिर डिजिटल युग आया –
और पलायन आसान हो गया।
अब, ज़रा सी भी असहजता पर –
हम एक फ़ोन खोल लेते हैं।
ऊब गए हैं? देखें।
अकेला महसूस करते हैं? भेजें।
तनाव महसूस करते हैं? देखें।
सुन्न महसूस करते हैं? खरीददारी करें।
हम भावनाओं को ठीक नहीं करते।
हम उनसे भागते हैं।

मुझे पार्थ के बारे में बताता हूँ, एक 26 वर्षीय इंजीनियर।
उसने एक बार कहा था,
"मैंने सालों से कोई फ़िल्म बिना कम से कम 5 बार अपना फ़ोन देखे नहीं देखी है।"
वह शेखी नहीं बघार रहा था।

वह थका हुआ था।
उसने कहा,
"मुझे नहीं लगता कि अब मुझे पूरी तरह से किसी चीज़ के साथ 'होना' भी आता है।"
और यह हममें से कई लोगों के लिए सच है।
हमने वर्तमान को एक पल में नहीं खोया –
बल्कि हजारों छोटी-छोटी लीक में खो दिया।
हर बार जब हम गहराई पर गति को चुनते हैं।
हर बार जब हम साँस लेने के बजाय प्रतिक्रिया करते हैं।
हर बार जब हम उस चीज़ को एक साथ कई काम में लगाते हैं जिसे पूरी तरह से महसूस किया जाना चाहिए था।
वर्तमान असहज हो गया।
इसलिए हमने इसे ध्यान भटकाने वाली चीज़ों से बदल दिया।

पर यहाँ एक कोमल सच्चाई है:
वर्तमान कभी गया नहीं।
हम गए।
और हम लौट सकते हैं, धीरे-धीरे, कोमलता से, बिना अपराधबोध के।
कैसे?
अपना फ़ोन फेंककर नहीं।
खुद को स्थिर बैठने के लिए मजबूर करके नहीं।
बल्कि फिर से ध्यान देकर।
अपनी साँस पर ध्यान देकर।
अपनी धड़कन पर ध्यान देकर।
चलते समय पक्षियों की आवाज़ पर ध्यान देकर।
जो भोजन आप चबाते हैं, उसकी बनावट पर ध्यान देकर।
उस पल पर ध्यान देकर जब कोई कहता है, "क्या आप सचमुच सुन रहे हैं?"

यह ध्यान देना ही द्वार है।
और यह हमेशा खुला रहता है।

उपस्थिति का विज्ञान, ध्यान, साँस और कोर्टिसोल क्या दिखाते हैं

मौजूद होना केवल एक आध्यात्मिक कार्य नहीं है –
यह एक शारीरिक कार्य है।
जब आप अभी में लौटते हैं तो आपका शरीर इसे महसूस करता है।
आपका मस्तिष्क ध्यान देता है।
आपकी साँस गहरी होती है।
आपकी तंत्रिका प्रणाली नरम होती है।
यह एक विचार नहीं है।
यह विज्ञान है।
और यह आपके अंदर हर बार होता है जब आप रुकते हैं और इस बहुत ही पल में वापस आते हैं।

आइए ध्यान से शुरू करते हैं।

1. मस्तिष्क को कभी भी एक साथ कई काम करने के लिए नहीं बनाया गया था।

हर बार जब आप अपना ध्यान बदलते हैं, एक सूचना से एक विचार पर, एक वीडियो से एक संदेश पर –
आपका दिमाग ऊर्जा जलाता है। यह सिर्फ प्रवाहित नहीं होता। यह कूदता है।
ये कूदना थका देने वाला होता है।
ये अदृश्य थकान पैदा करते हैं।

इसलिए, भले ही आपने शारीरिक रूप से कुछ भी ज़ोरदार न किया हो, आपको थका हुआ महसूस होता है।
क्योंकि आपके दिमाग ने एक मैराथन दौड़ लगाई है, छोटे, असंबद्ध बदलावों की।
सच्चा ध्यान एक समय में एक चीज़ में रहता है।
जब आप पूरी तरह से एक काम, एक व्यक्ति, एक साँस के साथ होते हैं, तो आपका दिमाग स्पष्टता जारी करता है।
और धीरे-धीरे, पृष्ठभूमि का शोर फीका पड़ने लगता है।

2. साँस आपका घर का द्वार है।

आप शायद हमेशा इसके बारे में जागरूक न हों,
पर आपकी साँस आपके शरीर को बताती है कि आप सुरक्षित हैं या नहीं।
तेज़, उथली साँस आपके तंत्रिका तंत्र को बताती है: "कुछ गलत है। लड़ने या भागने की तैयारी करो।"
धीमी, स्थिर साँस कहती है: "आप अब सुरक्षित हैं। आप आराम कर सकते हैं। आप यहाँ हो सकते हैं।"
हर बार जब आप अपनी साँस को नियंत्रित करने की कोशिश किए बिना उसे महसूस करने के लिए रुकते हैं,
आप खुद को ज़मीन पर टिकाना शुरू करते हैं।
सिद्धांत में नहीं। वास्तविक जीव विज्ञान में।
क्योंकि साँस और मन जुड़वाँ हैं –
जब एक शांत होता है, तो दूसरा भी उसका अनुसरण करता है।
आइए अभी इसे आज़माएँ।
अपना हाथ धीरे से अपनी छाती पर रखें।
कुछ न करें।
बस अपनी साँस को अंदर आते देखें।

उसे बाहर जाते देखें।
आपने कुछ भी हासिल नहीं किया।
पर आपके शरीर को बस सुना गया महसूस हुआ।
ऐसे ही उपचार शुरू होता है।

3. कॉर्टिसोल: उपस्थिति का शांत चोर।

कॉर्टिसोल आपके शरीर का तनाव हार्मोन है।
यह तब बढ़ता है जब आप चिंतित, अत्यधिक उत्तेजित और हमेशा "चालू" रहते हैं।
उच्च खुराक में, कॉर्टिसोल आपके ध्यान को संकीर्ण करता है।
आप सुंदरता पर ध्यान देना बंद कर देते हैं।
आप दया को खो देते हैं।
आप पूरी तरह से साँस लेना भूल जाते हैं।
पर जब आप धीमे होते हैं, जब आप ध्यान से खाते हैं, बिना फ़ोन के चलते हैं, बिना जल्दबाजी के बोलते हैं –
आपका कॉर्टिसोल गिरता है।
और आपकी जागरूकता फैलती है।
यह आलसी होने के बारे में नहीं है।
यह आपके शरीर को यह याद रखने की अनुमति देने के बारे में है कि खतरे के बिना जीना कैसा लगता है।

आइए दो साधारण दिनों की तुलना करें:

क्रिया	**कॉर्टिसोल प्रतिक्रिया**	**मानसिक स्थिति**
बार-बार फोन बदलना	उच्च	व्याकुल, बिखरी हुई
एक कार्य पर ध्यान (लेखन, पठन)	निम्न	केंद्रित, स्पष्ट
रात को बिना सोचे-समझे स्क्रोल करना	उच्च	चंचल, सतही नींद
सोने से पहले गहरी साँस लेना	निम्न	शांत, विश्रामपूर्ण, वर्तमान में

आपके मन को उत्तेजना की ज़रूरत नहीं है।
इसे स्थान की ज़रूरत है।
अभी यह आज़माएँ:
पढ़ना बंद करें।
दस सेकंड के लिए अपनी आँखें बंद करें।
अपने कमरे में सबसे धीमी आवाज़ सुनें।
अपनी त्वचा पर हवा महसूस करें।
अपने कंधों को ढीला छोड़ दें।
आपने अभी अपना पल वापस पा लिया, बिना दौड़े, बिना धक्का दिए।
यही स्थिरता की शक्ति है।
उपस्थिति अपने विचारों को नियंत्रित करने के बारे में नहीं है।
यह अपने जीवन को तब तक ध्यान देने के बारे में है जब तक वह अभी भी हो रहा है।

आपकी हर साँस जो बिना जल्दबाजी के ली जाती है...
पानी की हर घूँट जिसे आप अपने गले से नीचे जाते हुए महसूस करते हैं...
हर स्पर्श जिसे आप वास्तव में महसूस करते हैं, न कि बस उसके माध्यम से गुज़रते हैं...
वही उपस्थिति है।
और वही दवा है।

दिखावटी पलायन बनाम ज़मीनी जीवन, जो हम बिना जाने खो देते हैं

हम सभी पलायन करते हैं।
कुछ भोजन में भाग जाते हैं।
कुछ शोर में।
और कई, चुपचाप, रोज़ाना, दिखावटी जगहों में।
शुरुआत में, यह हानिरहित लगता है।
कामों के बीच थोड़ी देर देखना।
सोने से पहले एक छोटा वीडियो।
एक उबाऊ बातचीत के दौरान कुछ जवाब देना।
पर धीरे-धीरे, लगभग अदृश्य रूप से,
हम वास्तविक जीवन में लौटना बंद कर देते हैं।
पलायन और उपस्थिति के बीच का अंतर नाटकीय नहीं है।
यह अक्सर छोटे-छोटे चुनावों में मापा जाता है:
अपने साथी के हाथ के बजाय अपने फ़ोन तक पहुँचना।
सूर्यास्त देखने के बजाय कोई नई जानकारी देखना।
"मैं सुन रहा हूँ" टाइप करना जबकि वास्तव में दस अन्य चीज़ों के बारे में सोचना।

पलायन हमेशा भागने जैसा नहीं दिखता।
कभी-कभी यह केवल अनुपस्थिति जैसा दिखता है –
अपने ही जीवन के बीच में।

मुझे अर्जुन के बारे में बताता हूँ, दिल्ली का एक स्कूल शिक्षक।
उसे संगीत बहुत पसंद था।
एक बार, एक लंबे सप्ताह के बाद, वह अपने पुराने हारमोनियम के साथ बैठा,
बस अपने लिए बजाने के लिए।
पर पाँच मिनट के भीतर, उसे इसे रिकॉर्ड करने की तीव्र इच्छा हुई।
उसने सोचा, "मुझे इसे डालना चाहिए।"
वह रुका।
और फिर उसने खुद से पूछा:
"क्या होगा अगर मैं इस पल को बस अपना रहने दूँ?"
उसने भेजा नहीं।
उसने बस बजाया।
बाद में उसने मुझे बताया,
"ऐसा लगा जैसे सालों में पहली बार मैं संगीत के साथ था, उसका उपयोग नहीं कर रहा था।"
यही ज़मीनी जीवन का सार है।
आप पल में हैं,
उसे सामग्री में नहीं बदल रहे हैं।

अब लीला से मिलते हैं, एक पूर्णकालिक माँ।
हर शाम, वह और उसका बेटा बालकनी से पक्षी देखते थे।
पर एक दिन, उसके बेटे ने कहा,
"मम्मा, आप अब हमेशा अपना फ़ोन देखती हैं। पक्षी अभी भी यहीं हैं। आप नहीं।"
उस एक पंक्ति ने उसकी आँखों में आँसू ला दिए।

वह अनुपस्थित इसलिए नहीं थी क्योंकि उसे परवाह नहीं थी।
वह अनुपस्थित इसलिए थी क्योंकि वह पूरी तरह से उपस्थित रहना भूल गई थी।
ज़मीनी जीवन का मतलब पूर्ण होना नहीं है।
इसका मतलब है फिर से मौजूद होने का चुनाव करना।
दिखावटी पलायन केवल समय की हानि के बारे में नहीं है।
यह संबंधों की हानि के बारे में है।
अपने शरीर के साथ।
अपनी साँस के साथ।
उन लोगों के साथ जो अभी भी पहुँच रहे हैं।
उस दुनिया के साथ जो आपकी स्क्रीन पर नहीं है।
और सबसे बढ़कर, अपने स्वयं के आंतरिक जीवन के साथ।

ज़मीनी जीवन अलग महसूस होता है।
यह ज़ोरदार नहीं होता।
यह ज़्यादा उत्पादक नहीं होता।
यह बस भरा हुआ महसूस होता है।
आप धीरे बोलते हैं।
आप धीरे खाते हैं।
आप चीज़ों को सिर्फ ध्यान देने के बजाय महसूस करते हैं।
आप फिर से वास्तविक बन जाते हैं।
दिखावटी जीवन का आनंद लेने में कुछ भी गलत नहीं है।
खतरा उपयोग में नहीं है –
यह उसके द्वारा उपयोग किए जाने में है।
अगर आपके पल लगातार कामों में बदल जाते हैं,
अगर आपकी खुशी को वास्तविक होने के लिए दस्तावेज़ित करना होगा,
अगर आपके विचार देखने से आकार लेते हैं...
तो शायद यह पूछने का समय है:

"मैं कहाँ चला गया था?
और मैं खुद में कैसे वापस आऊँ?"

पल को कैसे वापस अपनाएँ, छोटे, व्यावहारिक कदम जो आपको वापस लाते हैं

बहुत से लोग उपस्थिति के बारे में पढ़ते हैं,
गहराई से प्रेरित महसूस करते हैं...
और फिर पूछते हैं –
"पर मैं वास्तव में कैसे शुरू करूँ?"
कोई उत्पादकता तरकीब नहीं। कोई महंगा अवकाश नहीं।
उपस्थिति को प्रयास की ज़रूरत नहीं होती।
यह केवल ध्यान मांगती है।
और ध्यान कुछ ऐसा है जिसे आप एक-एक करके, कोमल कदम से वापस पा सकते हैं।

1. **एक-कार्य नियम**

दिन में कम से कम एक बार,
एक काम करें, और केवल वही काम करें।
बिना स्क्रीन के खाएँ।
बिना पॉडकास्ट के चलें।
अपनी घड़ी देखे बिना बात करें।
एक पल को अविभाजित महसूस करने दें।
आपका दिमाग पहले तो प्रतिरोध करेगा।
यह और ज़्यादा करना चाहेगा।
पर आपका गहरा हिस्सा –
आपका शांत स्वयं – फिर से साँस लेना शुरू कर देगा।

2. जो आप देखते हैं, उसका नाम बताएँ

जब आपका मन तेज़ी से दौड़ने लगे, तो धीमे हों और पाँच चीज़ों के नाम बताएँ जिन्हें आप देख सकते हैं।
चार जिन्हें आप छू सकते हैं।
तीन जिन्हें आप सुन सकते हैं।
दो जिन्हें आप सूंघ सकते हैं।
एक जिसे आप अंदर महसूस कर सकते हैं।
यह कोई जादू नहीं है। यह जमीन से जुड़ना है।
यह आपके सिस्टम को याद दिलाता है:
"मैं यहाँ हूँ। मैं जीवित हूँ। मैं ठीक हूँ।"

3. बदलावों के बीच रुकें

अगला काम शुरू करने से पहले –
रुकें।
ज़्यादा देर के लिए नहीं। बस पाँच सेकंड।
अपनी आँखें बंद करें।
एक पूरी साँस लें।
अपने पैरों को महसूस करें।
यह छोटा सा ठहराव भी आपकी तंत्रिका प्रणाली को पुनः स्थापित करता है।
यह "आगे क्या" के चक्र को तोड़ता है –
और आपको "क्या है" पर वापस लाता है।

3. भौतिक चुनें

कभी-कभी,
डिजिटल के बजाय भौतिक को चुनें।
कलम से लिखें।
कागज़ से पढ़ें।
मौसम ऐप देखने के बजाय खिड़की से बाहर देखें।

ये पुरानी आदतें नहीं हैं।
ये आत्मा की आदतें हैं।
वे आपको बस इतना धीमा कर देती हैं कि आप फिर से वास्तविक महसूस कर सकें।

5. चीज़ों को अछूता रहने दें

एक फल को काटे बिना खाएँ।
अपना फ़ोन देखे बिना पानी पीएँ।
किसी विचार के साथ बैठें और उसे किसी को समझाएँ नहीं।
हर पल को कैद या साझा करने की ज़रूरत नहीं होती।
कुछ ज़्यादा पोषण देने वाले होते हैं जब उन्हें पूरा छोड़ दिया जाता है।

6. वापसी का अनुष्ठान बनाएँ

दिन में एक समय चुनें, सुबह, रात, या काम के बीच में।
और इसे अपने "घर वापसी" के पल के रूप में उपयोग करें।
यह हो सकता है:
पाँच ध्यानपूर्ण साँसें।
एक मिनट की खामोशी।
एक मोमबत्ती जलाना।
आसमान के नीचे बैठना।
इसे वह जगह बनने दें जहाँ आप खुद को याद दिलाते हैं:
"मैं पीछे नहीं हूँ। मैं देर से नहीं हूँ। मैं यहाँ हूँ।"
यह अकेली सच्चाई दिनों की चिंता को भंग कर सकती है।

आपको अपना जीवन बदलने की ज़रूरत नहीं है।
आपको बस उसमें फिर से प्रवेश करने की ज़रूरत है, धीरे से, ध्यान से, प्यार से।
और जब आप ऐसा करेंगे,

आप देखेंगे...
सबसे शक्तिशाली पल नाटकीय नहीं होते।
वे स्थिर होते हैं।
वे कोमल होते हैं।
और वे पहले से ही आपके आस-पास हैं –
ध्यान दिए जाने का इंतज़ार कर रहे हैं।

प्रेरक बिंदु, वर्तमान में रहने के लिए भावनात्मक आधार

- आपको ज़्यादा समय की ज़रूरत नहीं है। आपको ज़्यादा उपस्थिति की ज़रूरत है।
  यह नहीं कि आपके पास कितने घंटे हैं।
  यह है कि आप उनके अंदर कितने जागरूक हैं।

- जीवन आपकी स्क्रीन पर नहीं हो रहा है। यह आपकी साँस में प्रकट हो रहा है।
  सबसे महत्वपूर्ण सूचना कभी नहीं बजेगी।
  यह चुपचाप, आपकी धड़कन में आएगी।

- आत्मा एक साथ कई काम नहीं करती। यह पूरी तरह से सुनती है।
  जब आप धीमे होते हैं, तो आप पीछे नहीं छूटते।
  आप अंततः खुद से मिल पाते हैं।

- आप समय से पीछे नहीं हैं। आप बस अपने वर्तमान कदम के साथ मौजूद नहीं हैं।
  घबराहट तब मिट जाती है जब आप दौड़ना बंद कर देते हैं।
  कभी-कभी आपको बस बैठने और अपनी अगली साँस को वास्तव में महसूस करने की ज़रूरत होती है।

- कुछ सबसे उपचारक पल वे होते हैं जिन्हें कोई और नहीं देखता।
  ताली के लिए इंतज़ार न करें।
  स्थिरता को अपना मंच बनने दें, और खामोशी को अपने दर्शक।

- आराम एक पुरस्कार नहीं है। यह एक अधिकार है।
  आपको वर्तमान अर्जित करने की ज़रूरत नहीं है।
  यह पहले से ही आपका है।

- एक भरा हुआ जीवन कामों से नहीं भरता। यह ध्यान से भरता है।
  एक कप चाय, धीरे-धीरे पी गई, घंटों की अव्यवस्था से ज़्यादा पोषण देने वाली होती है।

- शरीर फुसफुसाता है जब मन तेज़ी से दौड़ता है।
  जल्दी सुनो।
  आपकी छाती में वह कसाव, वह थकान, वे यादृच्छिक नही हैं।
  वे वापसी के अनुरोध हैं।

- आपको भागने की ज़रूरत नहीं है। आपको पहुँचने की ज़रूरत है।
  अपनी असहजता की ओर दयालुता से मुड़ें।
  यह एक संदेश ले जा रहा होगा जो सालों से सुना जाने का इंतज़ार कर रहा था।

- आप मशीन नहीं हैं। आपको रुकने की अनुमति है।
  महसूस करने के लिए।
  भूलने के लिए।
  याद रखने के लिए।
  फिर से शुरू करने के लिए, यहीं।

निर्देशित चिंतन, क्या होगा अगर यह पल पर्याप्त होता?

हम अक्सर "और ज़्यादा" का पीछा करते रहते हैं –
और ज़्यादा शांति, और ज़्यादा ध्यान, और ज़्यादा स्पष्टता, और ज़्यादा नियंत्रण।
पर क्या होगा अगर जिस पल में आप हैं,
जैसा वह है,
वह पहले से ही पर्याप्त होता?
पूर्ण नहीं।
रोमांचक नहीं।
नाटकीय नहीं।
बस चुपचाप... पर्याप्त?
आइए धीमे हों।
यह कोई परीक्षा नहीं है।
यह कोई अभ्यास पत्र नहीं है।
यह एक ठहराव है, सिर्फ आपके लिए।
समझदार होने का कोई दबाव नहीं।
जल्दी जवाब देने की ज़रूरत नहीं।
अपने दिल को बोलने दें।
अपनी साँस को नेतृत्व करने दें।

1. **आपके लिए शांति कैसी दिखती है, अपने जीवन को बदले बिना?**

कल्पना करें।
क्या यह एक धीमी सुबह है?
एक फ़ोन-मुक्त घंटा?
बारिश की आवाज़?
एक शांत कमरा जहाँ आप प्रदर्शन नहीं कर रहे हैं?
क्या यह अभी उपलब्ध है, एक झलक भी?

2. **क्या आपको कोई ऐसा पल याद है जहाँ आपने सचमुच जीवित महसूस किया... और उसे दर्ज नहीं किया?**

आप कहाँ थे?
आपके आस-पास क्या था?
आपके साथ कौन था?
आपके शरीर को कैसा महसूस हुआ?
क्या आप केवल उस भावना के लिए वहाँ वापस जाना चाहेंगे?

3. **अगर आपके पास पाँच मिनट होते जिसमें कोई इंटरनेट नहीं, कोई काम नहीं, कोई दबाव नहीं – आप उन पाँच मिनटों में क्या करते?**

क्या आप साँस लेते?
क्या आप अंगड़ाई लेते?
क्या आप ज़मीन पर बैठकर सूरज की रोशनी महसूस करते?
और अगर हाँ...
आप अभी इसकी अनुमति क्यों नहीं देते?

4. **आपका शरीर अभी क्या माँग रहा है?**

आपका मन नहीं।

आपका शरीर।
क्या यह स्थिरता माँग रहा है?
एक धीमी साँस?
एक नरम मुद्रा?
और ज़्यादा दयालुता?
अपना हाथ अपनी छाती पर रखें।
सुनें, बिना किसी निर्णय के।

5. अगर आज का दिन केवल पकड़ने के बारे में नहीं होता... बल्कि अपने आप में घर लौटने के बारे में होता –

वह कैसा दिखता?

क्या आप धीरे चलते?
क्या आप कम बात करते और ज़्यादा महसूस करते?
क्या आपको याद रहता कि आपके जीवन को साबित करने की ज़रूरत नहीं है –
केवल जीने की ज़रूरत है?

यह चिंतन तब पूरा नहीं होता जब आप पढ़ना समाप्त करते हैं।
यह तब पूरा होता है जब आप वास्तव में रुकते हैं...
और खुद से कहते हैं:
"मैं यहाँ हूँ।
यह पल वास्तविक है।
मुझे दौड़ने की ज़रूरत नहीं है।"
इसे अपनी शुरुआत बनने दें।

अंतिम सारांश पोस्टर, अपने साथ ले जाने वाले उद्धरण

- जिस पल में आप हैं वह रास्ते में कोई पड़ाव नहीं है। वही रास्ता है।

- स्थिरता कोई कमज़ोरी नहीं है। यह वह जगह है जहाँ आपकी शक्ति साँस लेती है।
- आप पीछे नहीं हैं। आप बस अपनी साँस से दूर हैं।

- उपस्थिति प्रयास से नहीं आती। यह तब आती है जब आप भागने की कोशिश करना बंद कर देते हैं।

- आपको शांति महसूस करने के लिए अपने जीवन को रोकने की ज़रूरत नहीं है। आपको अपने मन को रोकने की ज़रूरत है।

- यहाँ होना पर्याप्त है। भले ही कुछ न बदले।

- वर्तमान पल आपकी पूर्णता की मांग नहीं करता। यह आपको संबंध प्रदान करता है।

- आप पूरा करने वाला कोई काम नहीं हैं। आप अनुभव करने वाला एक जीवन हैं।

- जीवन बाद में इंतज़ार नहीं कर रहा है। यह अभी फुसफुसा रहा है।

- आप पहले से ही पर्याप्त हैं – पर तभी जब आप इसे महसूस करने के लिए यहाँ हैं।

- आपको हमेशा आगे बढ़ने की ज़रूरत नहीं है। कभी-कभी, यहाँ होना सबसे पवित्र प्रगति है।
स्थिरता में विकास होता है। इस पर भरोसा करें।

- साँस ठीक होने के लिए नहीं कह रही है। यह महसूस किए जाने के लिए कह रही है।
अगली बार जब आप खोया हुआ महसूस करें, तो अपना हाथ अपनी छाती पर रखें और ऐसे साँस लें जैसे आप किसी बच्चे को गोद में लेते हैं – धीरे से, धैर्य से।

- हर पल को यादगार बनाने की ज़रूरत नहीं है। कुछ को बस महसूस करने और भूल जाने के लिए होते हैं, धीरे से।
जीवन को अपने माध्यम से गुज़रने दें। हर चीज़ को हमेशा के लिए थामे रहने की ज़रूरत नहीं है।

- यहाँ तक कि खामोशी भी एक बातचीत हो सकती है, अगर आप उसे सुनने के लिए पर्याप्त देर तक रहें।
अगली बार जब आप अकेले हों, तो खाली जगह को भरने की जल्दी न करें। उसे बोलने दें।

- आपको प्रदर्शन करने के लिए पैदा नहीं किया गया था।
आपको महसूस करने के लिए पैदा किया गया था।
जब आप दबाव हटाते हैं, तो आपका असली स्वरूप वापस आता है – अपरिष्कृत, पर संपूर्ण।

- वर्तमान में होने का मतलब हर पल को प्यार करना नहीं है। इसका मतलब है अपने आप को उसके भीतर त्यागना नहीं। यहां तक कि मुश्किल पल भी आपके पूरे ध्यान के लायक हैं। ऐसे ही वे बीतते हैं।

रोज़ाना वापस लौटना, वर्तमान में रहने के लिए एक कोमल ढाँचा

उपस्थिति एक बार का निर्णय नहीं है।
यह एक दैनिक याद है।
आपको पहाड़ों में भागने की ज़रूरत नहीं है।
आपको हर ऐप हटाने की ज़रूरत नहीं है।
आपको बस वापस लौटने की ज़रूरत है –
अपनी साँस पर,
अपनी इंद्रियों पर,
अपने आप पर।
दिन में पाँच मिनट के लिए भी।

यहाँ एक कोमल दैनिक लय है, कोई दबाव नहीं, कोई पूर्णता नहीं। बस पाँच द्वार जिनके माध्यम से आप अभी में वापस चल सकते हैं।

1. सुबह का आधार, स्थिरता से शुरुआत करें

अपना फ़ोन छूने से पहले,
अपनी साँस को छुएँ।
अपनी त्वचा को छुएँ।
अपने आंतरिक स्वरूप को छुएँ।
दुनिया के अंदर आने से पहले 60 सेकंड का शांत बैठना भी आपकी तंत्रिका प्रणाली को पुनर्स्थापित कर सकता है।

इसे अपना "मैं यहाँ हूँ" पल बनने दें।

2. एक-इंद्रिय अभ्यास, एक चीज़ को पूरी तरह महसूस करें

अपने दिन में एक पल चुनें –
और उसे अपनी पूरी संवेदी उपस्थिति दें।
अपनी चाय की गर्माहट महसूस करें।
अपने कदमों की आवाज़ सुनें।
अपने साबुन की गंध सूंघें।
रात में अपनी चादर की कोमलता महसूस करें।
आप क्या चुनते हैं, इससे कोई फर्क नहीं पड़ता।
इससे फर्क पड़ता है कि आप इसे पूरी तरह से महसूस करते हैं।

3. उपकरण विराम, उत्तेजना रहित एक द्वीप बनाएँ

अपने दिन में एक घंटा चुनें –
कोई फ़ोन नहीं, कोई लैपटॉप नहीं, कोई जानकारी नहीं।
यह कोई दंड नहीं है।
यह सुरक्षा है।
अपने दिमाग को विषाक्तता से मुक्त होने दें।
अपने दिल को पुनः स्थापित होने दें।
अपनी इंद्रियों को फिर से जीवित होने दें।

4. जाँच-क्षण, खुद से पूछें: "मैं अभी कहाँ हूँ?"

शारीरिक रूप से नहीं।
भावनात्मक रूप से। मानसिक रूप से। ऊर्जावान रूप से।
क्या आप मौजूद हैं?
या अभ्यास कर रहे हैं? या प्रतिक्रिया कर रहे हैं?
यह अकेला प्रश्न, दिन में एक बार पूछा गया –
किसी भी ऐप से ज़्यादा तेज़ी से आपको घर वापस ला सकता है।

5. शाम को धीमा होना, धीरे से वापस लौटें

सोने से पहले,
तीन गहरी साँसें लें, धीरे से, इरादे से।
खुद से पूछें:
"आज मैंने वास्तव में क्या महसूस किया?"
"मैं कहाँ पूरी तरह से मौजूद था?"
"मैं खुद को कहाँ पीछे छोड़ आया?"
यह अपराधबोध के लिए नहीं है।
यह पुनः जुड़ने के लिए है।
बिखरे हुए विचारों के साथ न सोएँ –
बल्कि जीवित और जागरूक रहने के शांत आनंद के साथ सोएँ,
कुछ पवित्र क्षणों के लिए भी।
आपको एक नए जीवन की ज़रूरत नहीं है।
आपको बस अपने पुराने जीवन को
आपको फिर से छूने देने की ज़रूरत है।
और जिस पल आप लौटते हैं,
एक साँस के लिए भी,
एक सेकंड के लिए भी –
वह पल कहता है, "वापस स्वागत है। मैं इंतज़ार कर रहा था।

अध्याय 10: घेरे से बाहर निकलना - जागरूक होना

क्या आपने कभी सोचा है कि आप वही काम बार-बार क्यों करते रहते हैं?

क्या आपने कभी खुद को कुछ ऐसा करते हुए देखा है
जो आपने खुद से कहा था कि आप बंद कर देंगे?
फिर से देखना (स्क्रॉल करना)।
फिर से प्रतिक्रिया करना।
फिर से बहुत ज़्यादा सोचना... फिर से।
आप खुद को यह करते हुए देखते हैं –
पूरी तरह से जानते हुए कि इससे कोई मदद नहीं मिल रही है –
और फिर भी आप रुकते नहीं हैं।
इसलिए नहीं कि आप कमज़ोर हैं।
इसलिए नहीं कि आप आलसी हैं।
बल्कि इसलिए कि आप घेरे के अंदर हैं।
और घेरे ज़बरदस्ती से नहीं टूटते।
वे दिखाई देने से टूटते हैं।

अपने आप को दोहराने में कुछ थका देने वाला होता है।
वही विचार।

वही प्रतिक्रियाएँ।
वही तरीके।
आप थके हुए उठते हैं, गतिविधि से नहीं,
बल्कि हर दिन एक ही भावनात्मक गलियारे में रहने से।
आप इसे "सामान्य" कह सकते हैं।
आप इसे "आदत" कह सकते हैं।
पर कहीं भीतर गहरे,
आप जानते हैं कि यह आप नहीं हैं, यह बस वह है जिसमें आप फँसे हुए हैं।
आइए इसे वही नाम दें जो यह है:
अचेतन जीवन।

आप देखने का निर्णय नहीं लेते हैं, आपका अँगूठा बस हिलना शुरू कर देता है।
आप ज़्यादा सोचने का चुनाव नहीं करते हैं, आपका मन बस दोहराना शुरू कर देता है।

आप प्रतिक्रिया करने की योजना नहीं बनाते हैं, आपकी आवाज़ इससे पहले ही ऊँची हो जाती है कि आप ध्यान दें।
और यह होता रहता है।
दिन-ब-दिन।
महीने-दर-महीने।
साल-दर-साल।
जब तक एक दिन, आप अपने ही जीवन के अंदर एक भूत जैसा महसूस नहीं करते –
शरीर से मौजूद, पर जागरूकता में अनुपस्थित।

मुझे प्रेरणा के बारे में बताता हूँ।
हर रात, वह अपने फ़ोन के साथ बिस्तर पर लेटी रहती थी –

खुद से कहती थी: "बस पाँच मिनट।"
और हर रात, यह 90 मिनट हो जाता था।
वह थकी हुई, देर से और दोषी महसूस करते हुए उठती थी।
अगली रात? वह फिर से ऐसा ही करती थी।
और एक दिन उसने मुझसे पूछा,
"मैं वही क्यों चुनती रहती हूँ जो मैं चाहती भी नहीं?"
यह अनुशासन का सवाल नहीं है।
यह जागरूकता का सवाल है।
क्योंकि जब तक हम घेरे को नहीं देखते,
हम इसे "जीवन" कहते रहते हैं।

जागरूकता कोई रोशनी का तेज़ पुंज नहीं है।
यह एक शांत मोमबत्ती है।
यह चिल्लाती नहीं है।
यह दिखाती है।
यह दोष नहीं देती।
यह प्रकट करती है।
और एक बार जब कुछ देखा जाता है, सचमुच देखा जाता है –
तो वह अपने आप बदलना शुरू हो जाता है।
यह अध्याय आत्म-नियंत्रण के बारे में नहीं है।
यह स्वयं की वापसी के बारे में है।
अपनी ही साँस पर वापस आना।
अपने ही तरीकों पर।
अपने ही सच पर, वह जो आपकी दैनिक डिफ़ॉल्ट स्थिति के नीचे मौजूद है।
आपको घेरे को नष्ट करने की ज़रूरत नहीं है।
आपको बस उसे देखने की ज़रूरत है –
बिना किसी निर्णय के,

बिना किसी शर्म के,
कोमल ईमानदारी के साथ।
और उस देखने में,
चक्र टूटना शुरू हो जाता है।

घेरा क्या है? अचेतन जीवन की यांत्रिकी

घेरा ज़ोर से शुरू नहीं होता।
यह अदृश्य रूप से शुरू होता है।
आपको यह पता भी नहीं चलता कि यह कब शुरू होता है –
क्योंकि यह नियमितता का मुखौटा पहनता है,
आदत का,
"मैं बस ऐसा ही हूँ" का।
पर सतह के नीचे,
यह हमेशा चलता रहता है।
हमेशा आपको खींचता रहता है।
हमेशा खुद को दोहराता रहता है।

आइए इसे तोड़कर समझते हैं।
मनोवैज्ञानिक इसे आदत का घेरा कहते हैं।
इसके चार भाग होते हैं:
संकेत → लालसा → प्रतिक्रिया → पुरस्कार।
यह ऐसे काम करता है।

1. संकेत:

कुछ आपको प्रेरित करता है।
शायद यह तनाव है।
शायद यह बोरियत है।
शायद यह खामोशी है।
आप यह नहीं कहते, "अब मैं भाग जाऊँगा।"
पर आपका दिमाग संकेत उठाता है:
कुछ असहज महसूस हो रहा है। कुछ करो।

2. लालसा:

आप राहत चाहते हैं।
स्पष्टता नहीं। उपचार नहीं। बस... राहत।
आप परिचित चीज़ तक पहुँचते हैं –
आपका फ़ोन, भोजन, गुस्सा, ज़्यादा सोचना –
जो भी पहले काम कर चुका है।
इसलिए नहीं कि यह सबसे अच्छा विकल्प है,
बल्कि इसलिए कि यह सबसे तेज़ है।
लालसा खुशी के लिए नहीं होती।
यह पलायन के लिए होती है।

3. प्रतिक्रिया:

आप कार्य करते हैं।
आप देखते हैं।
आप चिल्लाते हैं।
आप खाते हैं।

आप बंद हो जाते हैं।
आप उस चीज़ से बचते हैं जिसका आपको सामना करना था।
यह तेज़ होता है। यह स्वचालित होता है। यह "सामान्य" लगता है।
पर अंदर,
आप जानते हैं कि कुछ बस हाथ से फिसल गया है।

4. पुरस्कार:

आपको पल भर की आसानी महसूस होती है।
असहजता सुन्न हो जाती है।
पर यह स्थायी नहीं होता।
जल्द ही, अपराधबोध लौट आता है।
थकान धीरे-धीरे आती है।
घेरा खुद को फिर से स्थापित कर लेता है।
और कल,
आप फिर से ऐसा ही करते हैं।

मुझे एक वास्तविक क्षण बताता हूँ:
अनीता, 33, अपनी बॉस की हर बात पर बहुत ज़्यादा सोचती थी।
थोड़ी सी आवाज़ में बदलाव? वह रात भर उसे अपने दिमाग में दोहराती रहती थी।
जब हमने उसके तरीके की पड़ताल की,
तो हमने पाया कि संकेत अस्पष्टता थी।
उसे यह न जानना पसंद नहीं था कि वह कहाँ खड़ी है।
लालसा? पुनः आश्वासन।
प्रतिक्रिया? मानसिक अति सक्रियता।
पुरस्कार? नियंत्रण की झूठी भावना।
पर इसने उसे थका दिया।

क्योंकि वह घेरों में जी रही थी, सच्चाई में नहीं।
हममें से ज़्यादातर लोग वास्तविक चीज़ पर प्रतिक्रिया नहीं कर रहे होते।
हम उस चीज़ पर प्रतिक्रिया कर रहे होते हैं जो परिचित है।
शरीर उसी चीज़ की लालसा करता है जिसकी उसे आदत होती है – भले ही वह दर्द दे।
वही जेल है।
वही घेरा है।
और यहाँ बात का सार है:
आप उसे तोड़ नहीं सकते जिसे आपने देखा नहीं है।
आप उसे ठीक नहीं कर सकते जिसका आपने सामना नहीं किया है।
इसलिए जागरूकता ही हर वास्तविक परिवर्तन का प्रारंभिक बिंदु है।
जागरूकता नियंत्रण के बारे में नहीं है।
यह स्पष्टता के बारे में है।
यह वह क्षण है जब आप कहते हैं:
"रुको। मैं इस भावना को जानता हूँ। मैं पहले भी यहाँ रहा हूँ। और मुझे इसका पालन करने की ज़रूरत नहीं है।"
वह छोटा सा ठहराव?
वह चक्र में दरार है।
वहाँ से स्वतंत्रता प्रवेश करती है।

घेरों में रहने की भावनात्मक कीमत, और ठहराव की शक्ति

घेरों के अंदर रहने से हमेशा नाटकीय महसूस नहीं होता।

यह अक्सर... नीरस महसूस होता है।
एक अजीब सी सुन्नता।
एक शांत थकान।
जैसे आपके अंदर कुछ धीरे-धीरे फीका पड़ रहा है,
पर आप ध्यान देने के लिए बहुत ज़्यादा विचलित हैं।
और हममें से ज़्यादातर लोग ऐसे ही जीते हैं।
हम गिर नहीं रहे हैं।
हम बस लगातार खत्म हो रहे हैं।
हम अपना ध्यान देखने में खत्म कर देते हैं।
हम अपनी ऊर्जा ज़्यादा सोचने में खत्म कर देते हैं।
हम अपनी खुशी तुलनाओं में खत्म कर देते हैं।
हम अपने दिन स्वचालित कामों में खत्म कर देते हैं
जो हमारे दिल को बिल्कुल भी नहीं छूते।
और जब तक हम आराम करने के लिए बैठते हैं,
हम सोचते हैं, दिन कहाँ चला गया?
मैं कहाँ चला गया?

मुझे आयुषी के बारे में बताता हूँ।
वह 22 साल की थी, एक प्रतिभाशाली डिज़ाइन छात्रा।
पर हर शाम, वह घंटों तक देखती रहती थी –
मज़े के लिए नहीं, बल्कि एक नियमित आदत के तौर पर।
उसने कहा,
"मुझे ऐसा लगता है कि मैं ऐसी सामग्री के अंदर गायब हो रही हूँ
जिसकी मुझे परवाह भी नहीं है।"
यही घेरा करता है।
यह चिल्लाता नहीं है। यह खाली करता है।
सारा दुख ज़ोरदार नहीं होता।
कुछ बस... चुपचाप फैलता रहता है,
उन घंटों में जिन्हें आप जीना याद नहीं करते।

अब परवीन से मिलिए, एक गृहिणी और दो बच्चों की माँ।
उसने एक बार मुझसे फुसफुसाते हुए कहा,
"मेरे बच्चे हर शाम मेरे बगल में बैठते हैं... पर मैं उन्हें सचमुच देखती नहीं हूँ।"
इसलिए नहीं कि वह उनसे प्यार नहीं करती थी।
बल्कि इसलिए कि उसका मन हमेशा दूसरे घेरे में रहता था –
योजना बनाना, चिंता करना, अभ्यास करना, प्रतिक्रिया करना।
वह शारीरिक रूप से वहाँ थी।
पर भावनात्मक रूप से अनुपस्थित थी।
यही कीमत है:
आप अपनी खुद की उपस्थिति खो देते हैं।
और उपस्थिति सभी संबंधों की जड़ है।
हमें लगता है कि जागरूकता वैकल्पिक है।
पर इसके बिना, जीवन एक धुंधलापन बन जाता है।
आप काम पूरे कर सकते हैं।
आप समय सीमा को पूरा कर सकते हैं।
पर भीतर कुछ गहरा अछूता रह जाता है –
आपका वह हिस्सा जो अर्थ चाहता है।
और यहाँ सच्चाई है:
आप अपराधबोध से घेरे नहीं तोड़ते।
आप उन्हें ठहराव से तोड़ते हैं।
ठहराव कार्रवाई का विलोम नहीं है।
ठहराव पवित्र रुकावट है।
यह वह क्षण है जब आप कहते हैं:
"रुको। मुझे इसे सचमुच महसूस करने दो।"
ठहराव वह साँस है जो आप लेते हैं
अपने साथी पर प्रतिक्रिया करने से पहले।

ठहराव दो विचारों के बीच की वह स्थिरता है
जहाँ स्पष्टता अचानक प्रकट होती है।
ठहराव वह एक सेकंड है
जहाँ आपको एहसास होता है:
"मुझे यह पुराने तरीके से करने की ज़रूरत नहीं है।"
ठहराव की शक्ति उसकी लंबाई में नहीं है।
यह उस चीज़ में है जो वह आपके अंदर खोलता है।
एक 3 सेकंड का ठहराव भी
इतनी जागरूकता ला सकता है जिससे आपका पूरा दिन बदल जाए।
घेरे को देखना –
और उसके साथ नहीं चलना –
वहीं से आपकी स्वतंत्रता शुरू होती है।

ध्यान की अर्थव्यवस्था, आपका मन अचेतन रहने के लिए कैसे प्रशिक्षित हो रहा है

आइए ईमानदार रहें।
आपका ध्यान गलती से नहीं भटक रहा है।
इसे खींचा जा रहा है। आकार दिया जा रहा है। मुद्रीकृत किया जा रहा है।
हम ध्यान की अर्थव्यवस्था में जी रहे हैं –
जहाँ सबसे मूल्यवान मुद्रा आपका समय नहीं है।
यह आपकी उपस्थिति है।
और हज़ारों कंपनियाँ इसके लिए बोली लगा रही हैं,
हर एक सेकंड।
ऐप तटस्थ उपकरण नहीं हैं।

उन्हें आपको अचेतन रखने के लिए डिज़ाइन किया गया है।
अनंत देखने का तरीका आपको सूचित करने के लिए नहीं बनाया गया था।
इसे आपको चलता रखने के लिए बनाया गया था, यह ध्यान दिए बिना कि आपने महसूस करना बंद कर दिया है।
सूचनाएँ आपको याद दिलाने के लिए नहीं थीं।
वे आपके प्रवाह को तोड़ने के लिए थीं,
और आपके मन को कहीं और खींचने के लिए।
आप ध्यान इसलिए नहीं खो रहे हैं क्योंकि आप कमज़ोर हैं।
आप इसे इसलिए खो रहे हैं क्योंकि कुछ आपको ध्यान केंद्रित न करने के लिए प्रशिक्षित कर रहा है।

क्या आपने कभी ऐसा महसूस किया है?
आप कुछ लिखने के लिए बैठते हैं – और अपना फ़ोन "बस एक सेकंड के लिए" देखते हैं...
आप जल्दी सोने की योजना बनाते हैं, पर एक और वीडियो देखते हुए खत्म करते हैं, और फिर एक और...
आप ऊब या अकेला महसूस करते हैं, और इससे पहले कि आप भावना को समझ भी सकें, आप एक वीडियो घेरे के अंदर हैं...
यह सिर्फ आदत नहीं है।
यह डिजाइन है।
और यह काम कर रहा है।

मुझे ऋत्विक के बारे में बताता हूँ, 28, वित्त सलाहकार।
उसने एक बार कहा था,
"मैं पहले एक सप्ताह में एक किताब पढ़ता था। अब मैं अपना फ़ोन देखे बिना तीन पन्ने भी खत्म नहीं कर पाता।"
वह शर्मिंदा नहीं था।

वह भ्रमित था।
"मेरी ध्यान केंद्रित करने की क्षमता कहाँ चली गई?"
यह कहीं नहीं गई।
इसे धीरे-धीरे पुनः तारित किया गया।
क्योंकि हर बार जब आप ध्यान भटकाने वाली चीज़ पर प्रतिक्रिया करते हैं,
आप अपने दिमाग को और अधिक की उम्मीद करने के लिए प्रशिक्षित करते हैं।
और जागरूकता एक कमज़ोर मांसपेशी बन जाती है।

यहाँ बताया गया है कि ध्यान की अर्थव्यवस्था कैसे जीतती है:
यह ध्यान भटकाने को पुरस्कृत महसूस कराती है।
यह गहराई को उबाऊ महसूस कराती है।
यह स्थिरता को असुरक्षित महसूस कराती है।
यह खामोशी को खाली महसूस कराती है।
और आप ऐसे जीना शुरू कर देते हैं –
विचलित, उथला, जल्दबाज़, प्रतिक्रियाशील।
आप बेहतर महसूस करने के लिए देखते हैं...
पर बुरा महसूस करते हैं।
आप ज़्यादा जुड़ते हैं...
पर कम महसूस करते हैं।
यही घेरा है –
जो देखना ज़्यादा मुश्किल है
क्योंकि यह आपके अंदर नहीं है –
यह आपके आस-पास है।

तो बाहर निकलने का रास्ता क्या है?
अकेलापन नहीं।
सब कुछ हटाना नहीं।

बाहर निकलने का रास्ता जागरूकता है।
यह वह क्षण है जब आप देखने की तीव्र इच्छा महसूस करते हैं –
और आप रुकते हैं।
शर्म के साथ नहीं।
जिज्ञासा के साथ।
"मैं अभी किस चीज़ से बचने की कोशिश कर रहा हूँ?"
यह वह क्षण है जब आप सूचनाएँ बंद करते हैं –
इसलिए नहीं कि यह चलन में है,
बल्कि इसलिए कि आपकी शांति आपके नए अपडेट से ज़्यादा मूल्यवान हो गई है।
यह तब है जब आपको एहसास होता है कि
वास्तविक ध्यान का एक भी क्षण
डिजिटल गतिविधि के घंटों से ज़्यादा शक्तिशाली है।
घेरे के इस हिस्से को आपसे लड़ने की ज़रूरत नहीं है।
इसे आपको जागने की ज़रूरत है।

जागरूकता की मांसपेशी बनाना, आजीवन तरीकों को तोड़ने वाले सरल दैनिक बदलाव
जागरूकता कोई घटना नहीं है।
यह एक अभ्यास है, जैसे दाँत ब्रश करना, या नहाना।
आप इसे एक बार नहीं करते और हमेशा के लिए साफ़ नहीं हो जाते।
आप इस पर वापस आते हैं... धीरे से, रोज़ाना।
पर इच्छाशक्ति के विपरीत,
जागरूकता नरम होती है।
यह ज़बरदस्ती नहीं करती। यह ध्यान देती है।
और यह ध्यान देना, जब बार-बार किया जाता है, तो शक्ति बन जाता है।

यहाँ पाँच सरल जागरूकता उपकरण हैं –
उन्हें ज़्यादा समय की ज़रूरत नहीं होती।
वे केवल ज़्यादा उपस्थिति मांगते हैं।
एक से शुरू करें। उसे बढ़ने दें।
उसे आपको खुद में वापस मार्गदर्शन करने दें।

1. साँस की जाँच (2 मिनट का अभ्यास)

रुकें।

अपना हाथ अपने पेट पर रखें।
एक पूरी साँस को धीरे-धीरे अंदर महसूस करें।
अब पूछें:
क्या मैं उथली या गहरी साँस ले रहा हूँ?
क्या मैं कहीं अपनी साँस रोक रहा हूँ?
यह ध्यान नहीं है।
यह वापसी है।
अपने शरीर पर।
इस पल पर।
उस घर पर जिसे आप हमेशा साथ रखते हैं, पर उसमें प्रवेश करना भूल जाते हैं।

2. सूक्ष्म ठहराव (किसी भी घेरे से 5 सेकंड पहले)

हर बार जब आप कुछ स्वचालित करने वाले हों – अपना फ़ोन देखना, बहस करना, कुछ खाना, देखना...
रुकें।
पूछें:
"क्या मुझे सचमुच इसकी ज़रूरत है? या यह सिर्फ एक घेरा है?"
भले ही आप इसे आगे बढ़ाएँ, ठहराव ने इसे सचेत कर दिया।
वहीं से बदलाव शुरू होता है।

3. आंतरिक मौसम रिपोर्ट

दिन में कम से कम एक बार, खुद से पूछें:
"मैं अभी क्या महसूस कर रहा हूँ?"
विश्लेषण न करें। ठीक न करें। बस उसका नाम बताएँ।
"मैं बेचैन महसूस कर रहा हूँ।"
"मैं अदृश्य महसूस कर रहा हूँ।"
"मैं चिंतित महसूस कर रहा हूँ, पर मुझे नहीं पता क्यों।"
भीतर के मौसम का नाम बताकर,
आप उसके द्वारा बहे जाने से रुक जाते हैं।
आप उसके बगल में चलना शुरू कर देते हैं।

4. दर्पण ठहराव (शाम का चिंतन)

रात में दर्पण के सामने खड़े हों।
अपनी ही आँखों में देखें।
कोई फ़ोन नहीं। कोई ध्यान भटकाने वाली चीज़ नहीं।
पूछें:
"क्या मैंने आज जागरूकता में जीवन जिया, या प्रतिक्रिया में?"
"मैं कहाँ सचमुच मौजूद था?"
"मैंने खुद को कहाँ पीछे छोड़ दिया?"
कोई शर्म नहीं।
केवल कोमलता।
यह ठहराव न्याय करने के लिए नहीं है, यह देखने के लिए है।

5. एक सच्चा काम

हर दिन एक क्षण लिखें
जहाँ आप पूरी तरह से जागृत थे।
यह हो सकता है:
भोजन का स्वाद।
एक अजनबी की मुस्कान।
अव्यवस्था के बीच खामोशी का एक पल।
इसे लिखें।
इसे नाम दें।
और धीरे-धीरे,
आपका दिमाग ऐसे और पल खोजने लगेगा।
यह न्यूरोप्लास्टिसिटी (मस्तिष्क की लचीलापन) कार्रवाई में है –

पर कविता के माध्यम से, दबाव से नहीं।
आपको सब कुछ बदलने की ज़रूरत नहीं है।
आपको बस वापस लौटने की ज़रूरत है।
फिर से। और फिर से। और फिर से।
जब तक वह वापसी स्वाभाविक न हो जाए।
और घेरा?
वह कमज़ोर पड़ जाता है।
क्योंकि जो देख रहा है...
वह अब अंदर फँसा नहीं है।

प्रेरक बिंदु, एक स्पष्ट जीवन के लिए जागरूकता के आधार

- आप उसे ठीक नहीं कर सकते जिसे आप देखने से इनकार करते हैं।
  जागरूकता दर्द नहीं है, यह शांति की शुरुआत है।

- पुनरावृत्ति असफलता नहीं है। यह प्रतिक्रिया है।
  हर घेरा बस आपका शरीर पूछ रहा है:
  "क्या आप अभी तक वापस आने के लिए तैयार हैं?"

- आप अपनी आदत नहीं हैं। आप उसे देख रहे हैं।
  जिस क्षण आप ध्यान देते हैं, तरीका अब नियंत्रण में नहीं होता।

- ध्यान भटकाने वाली चीज़ें अच्छी लगती हैं, क्योंकि जागरूकता अपरिचित लगती है।
  पर अपरिचित का मतलब गलत नहीं है। इसका मतलब है नई सच्चाई आ रही है।

- एक 3 सेकंड का ठहराव वह कर सकता है जो 30 दिनों का अपराधबोध नहीं कर सकता।
  स्वतंत्रता प्रयास में नहीं, बल्कि उपस्थिति में जन्म लेती है।

- प्रतिक्रिया करने की तीव्र इच्छा आपकी दुश्मन नहीं है। यह आपका आमंत्रण है।
  रुकने का आमंत्रण। महसूस करने का। फिर से चुनने का।

- ध्यान देना पर्याप्त है। भले ही बदलाव बाद में आए।
  जागरूकता स्वयं परिवर्तन की शुरुआत है।

- आपको अपने घेरे से भागने की ज़रूरत नहीं है। आपको उसे देखने की ज़रूरत है।
  जो स्पष्ट रूप से देखा जाता है, वह अपनी पकड़ खो देता है।

- आप जीवन में पीछे नहीं हैं। आप बस अभी तक अपने साथ नहीं हैं।
  अपनी साँस पर लौटें। आपका शरीर अभी भी इंतज़ार कर रहा है।

- घेरा वहीं समाप्त होता है जहाँ आप सुनना शुरू करते हैं।
  और आप अभी शुरू कर सकते हैं।

निर्देशित चिंतन / कविता, पहली बार जब आपने सचमुच ध्यान दिया

पहली बार जब आपने सचमुच ध्यान दिया
आप चिल्लाए नहीं।
आप भागे नहीं।
आप बस रुक गए।
वह शुरुआत थी।
शायद यह आपकी सुबह की चाय के दौरान था...
जब कप हमेशा से ज़्यादा गर्म लगा।
आपने उसे थोड़ा और देर तक पकड़े रखा।
जल्दी नहीं की।
और एक संक्षिप्त सेकंड के लिए,
आप दुनिया को ठीक नहीं कर रहे थे।
आप उसके साथ थे।
शायद यह शोर के बीच था –
देखना, बातें करना, खोजना...
और अचानक,
आपको एहसास हुआ कि आपका शरीर थका हुआ महसूस कर रहा था
पर आपका अँगूठा हिलता रहा।
आप रुके नहीं।
पर आपने उसे देखा।
और वह...
घेरे में दरार थी।
पहली बार जब आपने ध्यान दिया,
दुनिया नहीं बदली।
आप बदले।

और उस कोमल बदलाव से,
एक नया आप चलना शुरू हुआ।
धीमा।
शांत।
ज़्यादा सच्चा।
आप वापस लौटना शुरू हुए –
जवाबों के साथ नहीं,
बल्कि उपस्थिति के साथ।
आपने यह देखना शुरू कर दिया कि आप खुद को कहाँ छोड़ जाते हैं,
और अब आप कहाँ रह सकते हैं।
आप पूर्ण नहीं थे।
पर आप अंततः जागृत थे।
और वह,
आपके जीवन ने कभी देखी सबसे ईमानदार क्रांति थी।
आप भागे –
ज़ोर से नहीं।
बल्कि
अंततः देखकर।

लेखक का नोट, पाठक को एक व्यक्तिगत संदेश

प्रिय पाठक,
यदि आप यहाँ तक पहुँच गए हैं –
तो मैं कुछ साधारण कहना चाहता हूँ,
पर वास्तविक:
धन्यवाद।

पढ़ने के लिए नहीं।
बल्कि बने रहने के लिए।
असहजता से गुज़रने के लिए।
उन सच्चाइयों के लिए जगह बनाने के लिए जिनसे कई लोग बचते हैं।
पलायन न करने के लिए, तब भी जब आप कर सकते थे।

यह किताब कभी जवाबों के बारे में नहीं थी।
यह दर्पणों के बारे में थी।
और अगर इन पन्नों में से एक भी वाक्य
आपके जीवन से बात करता हुआ लगा,
केवल आपके मन से नहीं –
तो हम मिले हैं।
कागज़ पर नहीं।
बल्कि जागरूकता में।

मैंने यह इसलिए नहीं लिखा क्योंकि मुझे सब कुछ पता था।
मैंने यह इसलिए लिखा क्योंकि मुझे नहीं पता था।
क्योंकि मैं भी घेरों में रहता था –
स्वीकृति के, तात्कालिकता के, खुद को साबित करने के।
और जिसने मुझे बदला
वह कोई एक बड़ा पल नहीं था –
बल्कि सैकड़ों छोटे-छोटे पल थे
जहाँ मैंने बस...
ध्यान दिया।
जहाँ मैं रुका।
साँस ली।
वापस लौटा।

मुझे उम्मीद है कि आप खुद को अनुमति देंगे
कि आप ऐसा फिर से करें। और फिर से। और फिर से।
कोई नया व्यक्ति बनने के लिए नहीं।
बल्कि अंततः पूरी तरह से आप महसूस करने के लिए।

अगर किसी ने आपसे यह कुछ समय से नहीं कहा है –
तो मुझे अब कहने दें:
आप टूटे हुए नहीं हैं।
आप बन रहे हैं।
और हर बार जब आप जागरूकता चुनते हैं,
आप घर लौटना चुनते हैं।
अपने शरीर पर।
अपने जीवन पर।
इस बहुत ही साँस पर।
मेरे साथ चलने के लिए धन्यवाद।
हमने कर दिखाया।
शांत शक्ति के साथ,
प्रशांत कुमार झा

आगे बढ़ने का ढाँचा, कोमल जागरूकता के साथ जीना

यह अंत नहीं है।

यहीं से आपका वास्तविक अभ्यास शुरू होता है।
आपको एक उत्तम प्रणाली की ज़रूरत नहीं है।
आपको एक कोमल लय की ज़रूरत है।
कुछ ऐसा जो आपको नियंत्रित न करे –

बल्कि आपको आपसे जोड़े रखे।
यहाँ एक सरल 5-भाग का दैनिक ढाँचा है।
आपको यह सब करने की ज़रूरत नहीं है।
वहाँ से शुरू करें जहाँ यह आपको बुलाता है।
इसे अपने साथ विकसित होने दें।
जागरूकता को अपना दैनिक साथी बनने दें।

1. खामोशी से शुरुआत करें (2-5 मिनट)

इससे पहले कि दिन आपसे कुछ भी माँगे –
खुद को खामोशी दें।
बस बैठें।
साँस लें।
सुनें।
कोई लक्ष्य नहीं।
कोई पुष्टि नहीं।
बस उपस्थिति।
यह आपका स्थिर बिंदु है।

2. आज देखने के लिए एक घेरे का नाम बताएँ

तोड़ना नहीं। बस देखना।
यह हो सकता है:
बेपरवाह देखना (स्क्रॉल करना)।
बातचीत में टोकना।
अति-योजना बनाना।

पुराने डर दोहराना।
खुद से कहें:
"आज, मैं ध्यान दूँगा कि यह कब प्रकट होता है।"
यह साधारण जागरूकता
बदलाव की दिशा में आपका पहला कदम है।

3. एक कोमल याद दिलाएँ (दिन के मध्य में)

एक छोटे कागज़ पर या अपने फ़ोन की लॉकस्क्रीन पर एक पंक्ति लिखें:
"साँस पर लौटें।"
"प्रतिक्रिया से पहले रुकें।"
"मुझे धीमा होने की अनुमति है।"
"देखें। जल्दी न करें।"
यह छोटा सा वाक्य आपका मध्याह्न पुनःस्थापन बन जाता है।

4. शाम का चिंतन (5 मिनट)

खुद से पूछें:
आज मैं खुद को कब खोया?
मैं खुद में कब वापस लौटा?
मैंने क्या ध्यान दिया जिसे मैं आमतौर पर अनदेखा करता हूँ?
आपको किसी डायरी की ज़रूरत नहीं है।
आपको ईमानदारी की ज़रूरत है।
इसे अपने साथ पुनर्मिलन का क्षण बनने दें।

5. सोने से पहले एक सचेत कार्य

कुछ धीरे-धीरे करें।
पानी पीएँ।
अंगड़ाई लें।
चाँद को देखें।
बिना प्रयास के साँस लें।
अपने दिन का आखिरी पल
ऐसा होने दें जो पूरी तरह से आपका हो।
वही उपचार है।
आपको रातोंरात जागरूकता में महारत हासिल करने के लिए नहीं बनाया गया है।
आपको इसके साथ एक संबंध बनाने के लिए बनाया गया है –
पर्दे से छनकर आती सूरज की रोशनी की तरह।
हर दिन थोड़ा और।
और वह पर्याप्त है।

"जब आपने अंततः ध्यान दिया"

जब आपने अंततः ध्यान दिया...
आप लड़े नहीं।
आप भागे नहीं।
आप बस रुक गए।
और दुनिया,
सालों में पहली बार,
आपके साथ रुकी।

आपने कोई युद्ध नहीं जीता।
आपने एक चक्र समाप्त किया।
आप अपने शरीर में लौट आए।
इस साँस पर।
अपने आप पर।
ज़्यादा ज़ोर से नहीं।
ज़्यादा तेज़ नहीं।
बस ज़्यादा स्पष्ट।
और वह पर्याप्त था।

संदर्भ सूची

- ब्राउन, बी. (2010). *अपूर्णता के उपहार: जो आप सोचते हैं कि आपको होना चाहिए, उसे छोड़ दें और जो आप हैं, उसे अपनाएँ*। हेज़ेल्डन पब्लिशिंग।
- क्लियर, जे. (2018). *परमाणु आदतें: अच्छी आदतें बनाने और बुरी आदतों को तोड़ने का एक आसान और सिद्ध तरीका*। एवरी।
- हरि, जे. (2022). *चुराया हुआ ध्यान: आप ध्यान क्यों नहीं दे सकते—और फिर से गहराई से कैसे सोचें*। क्राउन पब्लिशिंग।
- मैन्सन, एम. (2016). *फ़र्क न पड़ने की सूक्ष्म कला: एक अच्छा जीवन जीने का एक अप्रत्याशित तरीका*। हार्परवन।
- न्यूपोर्ट, सी. (2016). *गहरा काम: एक विचलित दुनिया में केंद्रित सफलता के नियम*। ग्रैंड सेंट्रल पब्लिशिंग।
- सीगल, डी. जे. (2010). *मन-दृष्टि: व्यक्तिगत परिवर्तन का नया विज्ञान*। बैंटम।
- वैन डेर कोल्क, बी. (2014). *शरीर अंक रखता है: आघात के उपचार में मस्तिष्क, मन और शरीर*। वाइकिंग।
- सुंदरराजन, एल. (2015). *भावनाओं का सांस्कृतिक मनोविज्ञान: पूर्वी एशियाई संदर्भों में आत्म-जागरूक भावनाओं की जाँच*। स्प्रिंगर।

www.ingramcontent.com/pod-product-compliance
Lightning Source LLC
LaVergne TN
LVHW050653051026
849532LV00002B/627